Paul-Ulrich Lenz

Wie Ängste ihre Macht verlieren

Paul-Ulrich Lenz

Wie Ängste ihre Macht verlieren

BRUNNEN
Verlag GmbH · Giessen

Reihe „Geistlich Leben"
Herausgegeben von Paul-Ulrich Lenz,
in Zusammenarbeit mit Brigitte Horneber, Friedbert Neese,
Ingrid Reimer und Peter Zimmerling
im Auftrag der Stiftung Geistliches Leben

Band 37

Bibelzitate folgen, soweit nicht anders angegeben, der
Lutherbibel, revidierter Text 1984, durchgesehene Auflage in
neuer Rechtschreibung, © 1999 Deutsche Bibelgesellschaft,
Stuttgart, sonst der *Einheitsübersetzung der Heiligen Schrift,*
© 1980 Katholische Bibelanstalt Stuttgart.

Bild auf S. 88: Christus und Abt Menas, Koptische Ikone aus
dem 6.–7. Jh., Louvre, Paris, Public Domain.

© 2017 Brunnen Verlag Gießen
Umschlagfoto: shutterstock
Umschlaggestaltung: Eva Joneleit
Satz: DTP Brunnen
Druck: CPI – Ebner & Spigel, Ulm
ISBN 978-3-7655-5467-4
www.brunnen-verlag.de

Inhalt

Vorwort

Das Buch, das Sie in Händen haben, ist entstanden aus einer Tagung. Unter der Überschrift „Angst in Kraft verwandeln" sollte ich referieren. Dabei war der ausdrückliche Auftrag, dass ich mich auf die sozusagen normalen Angsterfahrungen beschränke. Auf solche, wie sie jedermann und jede Frau aus eigenem Erleben kennt. Wie können Christen damit umgehen, dass sich Sorgen manchmal in Angst verwandeln, die uns die Kehle zuschnürt, in Hektik verfallen lässt oder einfach lähmt. Ich sollte nicht den Versuch unternehmen, die Grenzen auszuloten, wann therapeutische Hilfe angesagt ist, das Eingreifen und die Begleitung der Fachleute benötigt wird.

Diese Vorgaben prägen den vorliegenden Text. Ich habe weitergedacht, was als einfaches Referat zur geistlichen Wegweisung angefangen hat. Mein Buch ist der bescheidene Versuch, eigene Erfahrungen und Beobachtungen so zu beschreiben, dass der eine Leser oder die andere Leserin angeregt wird, die eigenen Beobachtungen damit zusammenzubringen und, vielleicht angeregt durch meinen Text, über das eigene Leben in seinen Ängsten in der heilsamen Gegenwart Gottes nachzudenken. Es ihm hinzuhalten. „In Ängsten. Und siehe, wir leben!"

Paul-Ulrich Lenz

1. Annäherungen

Das Warten wird lang. Um 12.00 Uhr wollte sie zu Hause sein und jetzt geht die Uhr gegen 14.00 Uhr. Angerufen hat sie auch nicht. Was ich zunächst als einfache Verspätung abtun konnte, lässt mich unruhig werden. Es wird doch nichts passiert sein? So kenne ich meine Frau gar nicht, dass sie grundlos zu spät ist. Das Winterwetter tut sein Übriges und trägt mit den unklaren Straßenverhältnissen nicht zur Beruhigung bei. „Mach dir keinen Kopf", rede ich mir gut zu. Aber 15 Minuten später stehe ich am Fenster und halte schon wieder Ausschau. Wo bleibt sie nur? Aus leichter Besorgnis wird mehr. Erst als sie weitere dreißig Minuten später doch heil zu Hause ankommt, merke ich, wie Lasten von mir abfallen und dass die Angst mich am Wickel hatte. Unvernünftig. Aber deshalb doch real.

Manchmal ist es mit der Angst sogar zum Lachen. Wir haben Bilder gesehen, die uns unter die Haut gehen. Von Unwettern in Niederbayern und am Niederrhein. Von Überschwemmungen, die ganze Existenzen bedrohen. Im Nachbarort haben vor Tagen gleich drei Schlammlawinen gewütet und Häuser zerstört. Und jetzt fängt es bei uns an zu regnen. Erst nicht so doll, dann wird der Regen heftig und heftiger, dann Starkregen. Es bilden sich kleine Wasserströme, an manchen Stellen staut sich das Wasser auf. Meine Frau steht mit bangem Blick am Fenster. „Was wird mit diesen Wassermassen?" Ich versuche sie zu beruhigen: „Das verläuft sich alles auf der

Wiese. Das läuft an unserem Haus vorbei." Aber sie lässt sich nicht so leicht beruhigen: „Und wenn es doch ins Haus läuft?" Ich halte dagegen: „Wie soll das gehen? Das Gefälle geht am Haus vorbei. Wasser läuft nicht bergauf." Da spielt sie ihre letzte Trumpfkarte aus: „Ich weiß nicht, wie das gehen soll. Ich habe einfach Angst." Wir sehen uns an und müssen lachen. Beide. Und verstehen doch zugleich: Es gibt Angst, oft genug auch da, wo es keinen realen Grund gibt.

Wie so viele andere kenne ich den Traum von einem Leben ohne Angst. Ohne Sorgen. Ohne Bangen. Wie schön wäre das, wenn die Welt ein Ort wäre, wo alle Gefahren gebannt, alle Hemmnisse beseitigt, alle Stolperfallen aus dem Weg geräumt sind. Wie schön wäre das, wenn das eigene Leben nur das helle, strahlende Licht des Tages kennen würde und die dunklen Stunden der Nacht, wo die Ängste nach einem greifen, keine Wirklichkeit wären.

„Christen kennen keine Angst. Sie sind ja vor aller Angst geborgen in Gott." Diesen Satz habe ich nicht nur einmal gehört. Er kam mir immer eher als eine Behauptung vor denn als ein Satz, der die Wirklichkeit beschreibt. Aber da gibt es eine Passage im 1. Johannesbrief, die wie Wasser auf die Mühlen derer wirken kann, die sagen: Christen kennen keine Angst: *„Furcht ist nicht in der Liebe, sondern die vollkommene Liebe treibt die Furcht aus; denn die Furcht rechnet mit Strafe. Wer sich aber fürchtet, der ist nicht vollkommen in der Liebe"* (1Joh 4,18).

Man kann versuchen sich zu retten: Hier ist von

Furcht die Rede, nicht von der Angst. Nur: In den Schriften des Neuen Testamentes spielt diese Unterscheidung keine Rolle – das Neue Testament wechselt unbekümmert zwischen dem Gebrauch von Furcht und Angst, so wie wir es auch in der Umgangssprache nicht so genau nehmen. Wir sagen fast gleichbedeutend: „Ich habe Angst" und „ich fürchte mich". Und doch versteht jeder sofort, was wir meinen.

Ich bleibe dennoch einen Augenblick bei der Frage, wie und ob sich Angst und Furcht unterscheiden. Vielleicht aber sind es auch nur zwei Worte für die im Grunde gleiche Sache? Ich höre auf den einen Fachmann, der unterscheidet: „Wir reden von Furcht, wenn von außen her Gefahr droht, von Angst aber, wenn derselbe Affekt ohne solche Bedrohung von außen her sich bemerkbar macht."[1] Die Furcht hat also ein Gegenüber – sei es eine Person, eine Sache, ein Tier oder eine Aufgabe. Angst ist demgegenüber unbestimmter. Aber deshalb ja nicht weniger real. Aber ich höre auch auf den anderen Fachmann: Die Unterscheidung ist *„nicht zwingend und überzeugend genug, wie es in der Unsicherheit der Verwendung beider Begriffe im üblichen Sprachgebrauch zum Ausdruck kommt: Wir sprechen sowohl von Todesangst wie von Todesfurcht und können die beiden Begriffe nicht ohne Gewaltsamkeit differenzieren."*[2]

Ich rede und schreibe also von der Angst und manchmal schwingt dabei auch die Furcht mit. Weil ich zustimme: *„Das Erlebnis Angst gehört zu unserem Dasein."*[3] Ich stimme zu, weil es meine Erfahrung ist, die mich hier zustimmen lehrt. Ich kenne Angst – und Furcht –

11

aus eigener Anschauung, obwohl ich Christ bin. Darum habe ich mich dem so überaus frommen und doch irgendwie weltfremden Satz von den angstfreien und furchtlosen Christen gegenüber immer an das Wort Jesu gehalten: *„In der Welt habt ihr Angst, aber seid getrost, ich habe die Welt überwunden"* (Joh 16,33). Da wird mir zugestanden, dass ich Angst habe, Angst haben darf. Aber sie hat nicht das letzte Wort. Ihre Herrschaft wird gewissermaßen gebrochen durch diesen Christus und sein Überwinden. Durch Kreuz und Auferstehung. Bei ihm ist eine Zuflucht vor aller Angst und Furcht.

Darum also wird es gehen, um einen Weg, der die Wirklichkeit der Angst im Leben nicht leugnet, sondern wahrnimmt, annimmt. Der sich aber davon nicht einengen lässt, sondern der Angst auch widersteht. Verdrängen und verleugnen hilft ja nicht wirklich, mit der Angst umzugehen, sondern lässt ihre Herrschaft ungebrochen. *„Das Annehmen und das Meistern der Angst bedeutet einen Entwicklungsschritt, lässt uns ein Stück reifen."*[4]

Darum wird es auch gehen, die positiven Seiten der Angst zu sehen und danach zu fragen, wie sich Ängste überwinden lassen. In dem allem ist für mich ein Haftpunkt meines Nach-denkens, dass ich das Leben nach-buchstabieren will, so nüchtern ich es vermag. Der andere Haftpunkt ist das Vertrauen, dass Jesus Beistand in allen Ängsten ist, Überwinder auch, der mir Anteil an seinem Überwinden der Angst schenken will.

Angst – ein vielfältiges Thema

Unser deutsches Wort Angst ist ein Lehnwort. Es leitet sich aus dem Lateinischen ab: *„angustiae"* ist die „Enge". Das mag ein Hinweis sein, dass sich mit der Angst immer Raumerfahrungen verbinden: eingekeilt in eine Menge. Eingesperrt in einen Raum. Da ist kein Platz, auf dem man Halt findet. Aus diesen Raumerfahrungen folgen Körpererfahrungen wie Beklemmung oder Atemnot. *„Stocken, Zucken und Zittern der Muskulatur, Gänsehaut."*[5] So ist die Angst mehr als nur ein Gefühl, sie ist eine Erfahrung, die körperlich und seelisch spürbar wird.

Ich lese das und erinnere mich: Wenn ich beim Joggen an einem Hund vorbeikam und der trotz der Leine losbellte, an der Leine riss, irgendwie auf mich zusprang, dann fuhr mir das in die Glieder. Ein Adrenalinstoß. Ich hätte wohl nicht von „Angst" gesprochen, aber was war es denn sonst?

Oder umgekehrt ist es oft genug so, dass Angst von Körpererfahrungen ausgelöst wird. Atemnot macht Angst. Das kennt fast jeder, wenn er im Schwimmbad beim wilden Spielen unter Wasser getaucht worden ist. Man schlägt wild um sich und schnappt nach Luft. Bei einer Israelreise stiegen wir bei Beerscheba durch einen sehr engen Aufstieg aus einem Tal auf die höher gelegene Wüstenebene. Unser israelischer Führer kam schweißgebadet oben an. Als ich ihn fragte, wie das kommt, antwortete er mir: „Ich habe Höhlenangst." Er musste sich heftig überwinden, um diesen Weg mit einer Gruppe zu gehen. Aber er hatte ja keine Wahl: Sein Beruf erforderte von ihm, mit seiner Angst umgehen zu können.

Es sind Zufallsfunde, mit denen ich meinen Gang durch die Angsterfahrungen beginne. Meine Frau bringt aus der Apotheke regelmäßig einen „Senioren-Ratgeber" mit, als altersgerechte Zwischendurchlektüre. Der zeigt im Oktober 2014 auf der Titelseite die Überschrift: „Wege aus der Angst." Offensichtlich ein Thema, das Senioren angeht. Die Macher des Blattes wissen, was ihre Leserinnen und Leser bewegt.

Kaum eine Tagesschau, die am Thema Angst vorbeikommt: Angst vor dem IS. Angst vor Ebola – inzwischen aus den Nachrichten verschwunden. Nahtlos ersetzt durch die Angst vor der Flüchtlingswelle, die Angst vor einer nicht mehr so rasch wachsenden Wirtschaft in China und den damit verbundenen Verlusten des DAX. Auch das lerne ich aus Fernsehmeldungen: Man kann sich sogar aus der Angst vor dem Sterben das eigene Leben nehmen.

Weiter im Text: Am 2. März 2015 sagt Moderator Thomas Roth in den Tagesthemen zur Ermordung von Boris Nemzow – eines russischen Putin-Kritikers und Bürgerrechtlers: *„Eines kannte er nicht: Angst."* Gemeint war wohl: Er hat sich nicht einschüchtern lassen, sich nicht versteckt, nicht klein beigegeben. Er hat seine Angstfreiheit teuer bezahlt – mit der Ermordung auf offener Straße.

Aber Angst begegnet mir nicht nur in den Nachrichten und Geschichten der Medien. Sie ist auch in meinem Lebensumfeld präsent. Auf den ersten Blick kleiner, privater. Aber deshalb doch nicht weiter weg, sondern für die, die betroffen sind, noch näher. Die Angst vor dem Verlust des Arbeitsplatzes, vor allem in strukturschwachen Gegenden, wo der Arbeitsplatz nicht so leicht zu wechseln ist, die Zahl der offenen Stellen geringer und die Optionen auf einen neuen Job folgerichtig eher dürftig sind. Aus vielen Gesprächen und Begegnungen, privat und auch in meiner Berufsrolle als Pfarrer, kenne ich die so oft kaum ernst genommene Angst vor dem nächsten Arzttermin und der zu erwartenden Diagnose. Manche gehen lieber nicht zum Arzt, als sich dem Satz auszusetzen: „Ich muss Ihnen sagen, Sie haben …"

Wenn ich auf meine eigene Biografie schaue, erinnere ich mich an frühe Angsterfahrungen. Im Rückblick wirken sie nicht mehr so bedrängend, aber damals waren sie hart. Die Angst wegen meines Sprachfehlers ausgelacht zu werden. Die Angst beim Fußballspielen nicht gewählt zu werden, weil ich vielleicht nicht gut genug sein könnte. Die Angst, dass ich als Lehrersohn und Gymnasiast doch Außenseiter im Dorf bin. Als ich „fromm" geworden bin, gab es eine Zeit, in der ich nur heimlich Bibel gelesen habe. Ich wollte nicht befragt werden, weil ich mich dem nicht gewachsen fühlte und wusste: Auch mit meiner Frömmigkeit falle ich aus der Reihe, aus der Normalität.

Gott sei Dank, die Zeiten dieser Ängste sind lang vorüber. Aber wenn ich mich an sie erinnere, spüre ich noch: Gleichgültig war mir das alles nicht.

Angst bleibt bis heute ein Thema. Für mich. Vor Kurzem bin ich nachts wach geworden. Alles, was ich in der Tagesschau tagaus, tagein serviert bekomme, alles, was ich im Umfeld erlebe, stand mir vor den schlaftrunkenen Augen. Wie von selbst war der Gedanke da: Was ist das für eine chaotische Welt, in die deine Enkel hinein aufwachsen. Wie soll das gehen? Und die Angst hatte mich am Wickel.

Noch einmal anders und aktuell, seit einem Jahr ein Dauerschmerz, eine Dauerangst: Einer meiner Enkel ist erkrankt. Die Diagnose: inoperabler Hirntumor. Jetzt kämpfen die Ärzte um sein Leben. Und nicht nur die Ärzte. Seine Eltern. Und die Großeltern bangen. Die Angst vor jeder harmlosen Erkältung, vor jeder Infektion, vor jeder neuen Untersuchung ist ein ständiger Begleiter. Sie macht es zu einer unglaublichen Herausforderung, in der Hoffnung durchzuhalten. Eine unglaubliche Herausforderung an den Glauben und das eigene Gottvertrauen.

Aus dieser ständigen Konfrontation damit, dass die Welt ein unsicherer Ort ist, dass überall Gefahren lauern, erwächst ein Lebensgefühl der Verunsicherung, in dem Angst so etwas wie ein steter Gast ist. *„Wir kennen zunehmend Ängste, die durch unser eigenes Tun und Handeln gesetzt werden, das sich gegen uns wendet. Wir kennen die Angst vor den zerstörerischen Kräften in uns selbst ... der Wille zur Macht, dem es an Liebe und Demut fehlt, der Wille zur Macht über die Natur und das Leben lässt in uns die Angst entstehen, zu manipulierten, sinnentleerten Wesen gemacht zu werden."* [6] So entsteht ein Klima der Angst, das sich aus den großen Nachrichten und den kleinen Alltagserfahrungen gleichmäßig speist. In Deutschland mehr noch als in anderen Ländern, sagen manche. Darum reden auch die Medien und nicht nur sie von „German Angst".

Schlimm genug, dass manche, Einzelne und Gruppen, auch Parteien, davon zu profitieren versuchen, indem sie mit den Ängsten „spielen", sich zum Anwalt der Ängstlichen und Besorgten ernennen. Andere profitieren, indem sie das Sicherheitsbedürfnis hinter der Angst handfest bedienen – durch den Verkauf von Diebstahlsicherungen, Versicherungen gegen Einbruch, Waffen zur Selbstverteidigung und Kursen, in denen man lernt, wie man sich gegen Angreifer wehrt. Als ob hinter jeder Hausecke einer stünde, der einem Böses tun will – frei nach dem Song „Banküberfall" der EAV, der „Ersten Allgemeinen Verunsicherung": *„Das Böse ist immer und überall."* (1985)

Diese Ängste verschwinden nicht durch Wegschauen oder Totschweigen. Sie verschwinden auch nicht wie durch Zauberhand, indem man sie erklärt und vernünftig ist. Es ist schon viel gewonnen, wenn sie nicht ständig medial gesteigert werden. Aber wichtiger ist noch, dass ihnen der Boden entzogen wird – durch vernünftige Aufklärung auf der einen Seite und durch die Stärkung von Gegenkräften auf der anderen: *„Mut, Vertrauen, Erkenntnis, Macht, Hoffnung, Demut, Glaube und Liebe. Diese können uns helfen, Angst anzunehmen, um uns mit ihr auseinanderzusetzen, sie immer wieder neu zu besiegen."*[7]

Ängste haben Entstehungsgeschichten

Manche Ängste werden als Grundmuster früh in uns angelegt. *„Unsere Ängste haben eine Geschichte und wir werden sehen, von wie großer Bedeutung dafür unsere Kindheit ist."*[8] Es sind Erfahrungen aus der Kindheit, die lähmen, schwächen, ängstlich sein lassen. Es gibt die Sätze, die uns als Kind gesagt wurden, nicht um Angst zu machen, die uns aber doch entmutigen – im Extremfall ein Leben lang.

Ein Mädchen schnappt den unachtsam dahingeworfenen Satz des Vaters auf: „Eigentlich hatten wir uns ja einen Jungen gewünscht." Der Satz ist gar nicht böse gemeint, aber er sitzt wie ein Stachel. Das erste Mal steigt in dem Mädchen die Ahnung auf: „Vielleicht bin ich gar nicht gewollt." Und so läuft es verletzt in seinem Selbstwertgefühl das ganze Leben mit der heimlichen Frage herum: „Wer will mich eigentlich wirklich?"

„Das lernst du nie, du hast zwei linke Hände." Wie auf einem inneren Tonband werden solche Sätze gespeichert. Und wenn der Dreißigjährige dann einen Nagel krumm schlägt, setzt sich das Tonband wieder in Bewegung: *„Du machst immer alles falsch!"* Ich weiß von jemand, der mit den folgenden zwei Sätzen aufgewachsen ist. Die Mutter: *„Du musst dich anstrengen, damit was aus dir wird."* Der Vater: *„Du kannst dich anstrengen, wie du willst, aus dir wird nie was."* Auch diese schreckliche Botschaft, wohl im maßlosen Zorn gesagt, habe ich von einer Freundin im Ohr, ihr zugefügt von der eigenen Mutter: *„Wenn ich dich doch bei deiner Geburt in die Mülltonne geworfen hätte."*

Dass jemand mit solchen Sätzen im Gepäck seines Langzeitgedächtnisses nicht gerade kraftstrotzend und leicht beschwingt ins Leben geht, liegt auf der Hand.

Auch das hat Langzeitwirkung, dass Kinder irgendwie mitlaufen. Dass sie nicht das Gefühl vermittelt bekommen haben, beachtet, gar geliebt zu sein. Säuglinge erfahren, dass man sie schreien lässt, und spüren so: „Ich bin nicht beachtet!" Es gibt Kinder, deren Elternhaus keine Wärme und Geborgenheit abstrahlt. Kälte zieht in das Kind ein und verletzt es, schleichend, aber nachhaltig. Über all den Aufgaben, die zu bewältigen sind, bleibt bei manchen Eltern keine Zeit für die eine Aufgabe, Zeit für die eigenen Kinder zu haben, sich ihnen freundlich zuzuwenden. Eine Reaktion auf solche Nichtbeachtung ist der Satz, den eine Freundin in den 60er-Jahren zu ihrer Mutter sagte: *Schlag mich doch lieber, bevor du mich nicht beachtest!"*

Ich greife einmal mehr auf Beobachtungen an mir selbst zurück: Wenn ich – auch heute noch – ein Lokal betrete, suche ich einen freien Tisch, weil ich mich nicht gerne an einen Tisch setze, an dem schon andere, womöglich Fremde sitzen. Das geht nicht ganz ohne innere Anspannung ab und ich spüre die Erleichterung, wenn ich „meinen Platz" gefunden habe. Es wird wohl vielen so ähnlich gehen. Diese Unsicherheit beim Eintreten in einen fremden Raum lässt sich handhaben. Das habe ich inzwischen gelernt. Was aber, wenn sie so angewachsen ist, dass ich mich nicht mehr in den fremden Raum hineintraue? Wenn ich lieber „draußen vor der Tür" bleibe?

Seit vielen Jahren denke ich immer wieder über eine

Erzählung von Franz Kafka nach – die für mich viel über diese Ängste aussagt, einen fremden Raum zu betreten, obwohl das Stichwort Angst nicht einmal vorkommt:

HEIMKEHR

Ich bin zurückgekehrt, ich habe den Flur durchschritten und blicke mich um. Es ist meines Vaters alter Hof. Die Pfütze in der Mitte. Altes, unbrauchbares Gerät, ineinanderverfahren, verstellt den Weg zur Bodentreppe. Die Katze lauert auf dem Geländer. Ein zerrissenes Tuch, einmal im Spiel um eine Stange gewunden, hebt sich im Wind. Ich bin angekommen. Wer wird mich empfangen? Wer wartet hinter der Tür der Küche? Rauch kommt aus dem Schornstein, der Kaffee zum Abendessen wird gekocht. Ist dir heimlich, fühlst du dich zu Hause? Ich weiß es nicht, ich bin sehr unsicher. Meines Vaters Haus ist es, aber kalt steht Stück neben Stück, als wäre jedes mit seinen eigenen Angelegenheiten beschäftigt, die ich teils vergessen habe, teils niemals kannte. Was kann ich ihnen nützen, was bin ich ihnen und sei ich auch des Vaters, des alten Landwirts Sohn. Und ich wage nicht, an der Küchentür zu klopfen, nur von der Ferne horche ich, nur von der Ferne horche ich stehend, nicht so, dass ich als Horcher überrascht werden könnte. Und weil ich von der Ferne horche, erhorche ich nichts, nur einen leichten Uhrenschlag höre ich oder glaube ihn vielleicht nur zu hören, herüber aus den Kindertagen. Was sonst in der Küche geschieht, ist das Geheimnis der dort Sitzenden, das sie vor mir wahren. Je länger man vor der Tür zögert, desto fremder wird man. Wie wäre es, wenn jetzt jemand die Tür öffnete und mich etwas fragte. Wäre ich dann nicht selbst wie einer, der sein Geheimnis wahren will.[9]

Natürlich kann ich mich fragen, nicht im Blick auf Kafka, wohl aber im Blick auf meine Ängste, einen fremden Raum zu betreten: „Wo kommt das her?", und finde Erklärungsansätze: Ich bin in eine Zeit hineingeboren, in der die Lebenssituation der Eltern unsicher war. Es waren schon zwei Geschwister da, das Geld war knapp und der Wohnraum auch. Da liegt es nahe, auf die Idee zu kommen: „Ob Platz genug für dich da ist?"

Bis in den Film hinein schafft es die Szene, in der ein Mann unter Tränen sagt: „Ich hatte als kleines Kind eine tiefe Sehnsucht danach, dass mich mein Vater einfach mal auf den Schoß nimmt und mir einen Kuss gibt. Ich habe das nie erlebt." Es sind viele, die sich so nach einem Signal, geliebt zu sein, gesehnt haben und vergeblich warteten.

Es gibt auch andere, gut gemeinte Sätze, die aber dennoch zu schaffen machen. Kinder werden verletzt, weil zu hohe Erwartungen der Eltern sie ständig überfordern. Sie sollen es besser haben, erfolgreicher sein als die Eltern. Es gibt die Gefahr, die eigenen unerfüllten Träume auf die Kinder zu projizieren. Ob das die Sportkarriere war, die der Sohn oder die Tochter nachholen soll. Wer wie ich als Trainer im Schülerbereich aktiv war, weiß, wie viele Eltern vom Sohn erwarten, dass er es in die Bundesliga schafft, und dabei übersehen, dass ihr Sohn ein ganz normal begabtes Kind ist. Freizeit-mäßig Fußball – zu mehr wird es nicht reichen.

Der gleiche Druck lastet aber genauso auf dem Kind, das die große Karriere als Pianist oder als Wissenschaftler packen soll, weil es die Eltern so sehen. Manche Berufsentscheidung wird bis heute dadurch bestimmt, dass es heißt: „Du musst in die Fußstapfen des Vaters, der Mutter treten."

In einem Seelsorgegespräch sagte mir eine Frau: *„Die Botschaft meiner Eltern an mich als Kind hieß: ‚Du musst immer tadellos sein, immer tadellos!'"* Und wie oft hat wohl ein Kind gehört: „Wenn du mich lieb hast …" Es sind Sätze, die nicht unbedingte Liebe zeigen, sondern nur eine bedingte – wenn die Bedingungen erfüllt werden.

Ein Freund von mir ist mit dem Konfirmationsspruch durchs Leben gegangen: *„Wer nun mich bekennt vor den Menschen, den will ich auch bekennen vor meinem himmlischen Vater. Wer mich aber verleugnet vor den Menschen, den will ich auch verleugnen vor meinem himmlischen Vater"* (Mt 10,32 f.).

Völlig abgesehen davon, dass das ein Wort ist, das man niemandem so einfach aus dem Zusammenhang gerissen als Forderung um die Ohren haut – was für eine Fehlleistung ist es und was für ein Angstauslöser, wenn das ein Junge in der Zeit der Selbstfindung und der Unsicherheit über sich selbst im wahrsten Sinn des Wortes zugemutet bekommt. Und was für ein Wunder, wenn man mit so einer Hypothek doch den Weg des Glaubens findet.

Was wir so an Erinnerungen und Erfahrungen in uns

herumtragen, hat häufig Langzeitfolgen, und wann immer es um Werturteile geht, wirkliche oder auch nur vermutete, stellt sich die Angst ein: Versagensangst, die Angst, abgelehnt zu werden, die Angst, nicht gut genug zu sein, die Angst, die eigenen Ziele nicht zu erreichen, die Angst vor dem Scheitern. Es ist gut, dass solche Erfahrungen nicht zwangsläufig in Angstzustände führen, die krank machen und die dann bisweilen langwierige Behandlung durch Fachleute erfordern. Aber sie sind häufig genug Belastungen, die das Leben erschweren, Spielräume einengen und Entscheidungen über das normale Maß hinaus erschweren.

Vorsicht Grenze!

Manchmal stand ich als Seelsorger vor der Frage: „Was ist jetzt dran? Ist das eine Situation, der ich durch eine Begleitung, wie ich sie als Pfarrer leisten kann, gewachsen bin? Sehe ich, dass das aufmerksame Gespräch, der Hinweis auf den gegenwärtigen Gott noch ankommen und helfen kann? Oder ist hier anderes erforderlich?" Es geht um die Unterscheidung normaler Ängste von den Ängsten, die Schritte in eine Krankheit sind, in der die Hilfe des Fachmannes nötig ist. Es ist verantwortungsbewusste Seelsorge, hier die Grenzen für das eigene Handeln zu erkennen und anzunehmen und dann schlicht – nach Überweisung an die Fachleute – treu zu bleiben in der Fürbitte und der Begleitung.

Das gilt in gleicher Weise für den Umgang mit sich

selbst. Auch da stellt sich oft genug die Frage: Wann ist „Angst" nicht mehr normal? Wann ist aus Ängstlichkeiten und Angst eine Phobie geworden, die das Leben einschränkt – so einschränkt, dass es nicht mehr allein zu bewältigen ist? Wann ist ein Maß erreicht, wo man sich sagen muss: „Du brauchst Hilfe?"

Platzangst, Höhenangst, Spinnenangst, Flugangst – alles noch nicht schlimm, solange das Leben weitergeht. Solange sich die Ängste steuern und beherrschen lassen. Wenn es aber nicht mehr geht, ist der Schritt angesagt, sich Hilfe zu suchen.

Eine Schwierigkeit an dieser Grenze besteht darin, dass unsere Gesellschaft nicht sonderlich gut darauf vorbereitet ist, sich Hilfe in seelischen Dingen zu suchen, Ängste auszusprechen und sich einzugestehen, dass man es nicht alleine packt. *„Männer weinen heimlich"*, singt Herbert Grönemeyer in seinem „Männer"-Lied.

In beiden Fällen – ob als Seelsorger im Gespräch mit anderen oder als Einzelne/Einzelner, der/die den eigenen Weg sucht – an diesen Grenzen, die einem sagen: „Jetzt musst du nach Hilfe Ausschau halten", fallen Lebensentscheidungen. Hier ist höchste Achtsamkeit geboten.

Eine Anregung zum Innehalten und eigenen Nachdenken: Wann und wo begegnen Ihnen Ängste? Was löst sie aus? Wie versuchen Sie, sich Angstauslösern zu entziehen?

2. Biblische Bilder

„In der Welt habt ihr Angst" (Joh 16,33), oder anders übersetzt: *„In der Welt erfahrt ihr Enge, Bedrückung, Trübsal."* Das alles schwingt in dem griechischen Wort mit, das die Luther-Übersetzung mit Angst wiedergibt. Es geht immer wieder durch Erfahrungen, die uns den Spielraum einengen, das Leben schwer machen, Fluchtreflexe auslösen.

Dieser Satz aus den Abschiedsreden Jesu ist ein Grundwort zu unserem Thema. Jesus sagt ihn, nach dem Gang des Johannesevangeliums, in der Nacht seiner Auslieferung. Nicht um seinen Jüngern Angst zu machen. Wohl aber, um sie vorzubereiten auf das, was folgen wird in jener Nacht: Sie werden seine Festnahme erleben. Sie werden sich alle in Sicherheit bringen, durch die Angst weggetrieben von ihm, Jesus. Die Jünger erfahren in jener Nacht: Angst ist ein steter Begleiter unseres Lebens, eine Wirklichkeit, der wir uns nicht entziehen können. Die Erfahrung der Jünger, dass die Angst nach ihnen greift, wiederholt sich auch im Leben als Christen. Bis heute.

In der Bibel gibt es eine Fülle von Angstgeschichten. Auch dann, wenn wir das gar nicht gleich so wahrnehmen, weil das Stichwort Angst vielleicht gar nicht auftaucht.

Die Welt ist voller Ängste und sie macht denen Angst, die damit umgehen müssen. Diese Erfahrung findet in der Bibel reichen Widerhall. Wenn der Weg in die Fremde geht und der Schutz des eigenen Volkes und der eigenen Sippe nicht mehr zur Hand ist, dann ist es Zeit zur Furcht. Wenn eine übermächtige Koalition vor den Toren der Stadt steht und nur noch auf das Sturmsignal des Heerführers zu warten scheint, dann ist es Zeit zur Furcht. Wenn am nächsten Tag ein Kampf zu bestehen ist, dann ist das Grund zur Furcht. Wenn der Gegner dazu auch noch die besseren Waffen hat, dann wäre Furchtlosigkeit tollkühn und töricht und kein Ausdruck von Gottvertrauen. Immer schreit in den Psalmen der Beter Gott die Angst um das eigene Leben entgegen. Wenn der Tod einen Menschen weggerafft hat, wenn Krankheit ein Leben zerbricht – immer geht es dann auch um die Angst. Die Jünger fliehen aus Angst um ihr Leben, Petrus leugnet aus Angst, dass er Jesus kennt.

Was wird dem entgegengestellt? 61-mal begegnet in der Bibel die Wendung *„Fürchte dich nicht"*. Zum ersten Mal im Wort des Engels an die verzweifelte Hagar (1Mose 21,17). Und der Bogen spannt sich hin zum Wort des erhöhten Christus an seine bedrängte Gemeinde in Smyrna, wo es der Angst vor dem Leiden Einhalt gebietet (Offb 2,10). Dazu kommt 38-mal die Pluralformulierung: *„Fürchtet euch nicht"*. Insgesamt also 99-mal wird aufgefordert, eingeladen, ermutigt, der Furcht den Abschied zu geben, ihr den Raum im eigenen Herzen zu verweigern und damit auch das eigene Handeln nicht von der Furcht bestimmen zu lassen.

Es kennzeichnet die Bibel, dass sie keine Theorie der Angst entwickelt, sondern erzählt. Von den Angsterfahrungen, die Menschen auf dem Weg ihres Lebens, auch auf dem Weg des Glaubens machen. Einige Beispiele aus diesen Erzählungen der Bibel, die mir besonders wichtig sind, greife ich heraus.

Abraham – ein Vater des Glaubens

Wir haben ein strahlendes Bild von Abraham. Er ist der, der auf ein Wort Gottes hin ohne Nachfragen und Absicherung loszieht. Er ist der, an dem man die Freude über die Verheißung Gottes sehen kann. Aber er ist auch der, der von Ängsten geplagt wird: der Angst, dass man ihn um seiner Frau Sara willen zur Seite schaffen könnte, und der Angst, dass das lange Warten auf den einen Sohn der Verheißung ein Warten ins Leere werden könnte. Er ist der, der dann – zusammen mit Sara – die Geduld verliert und mithilfe der Ägypterin Hagar der göttlichen Verheißung auf die Sprünge helfen will. Als dann der Sohn der Verheißung, Isaak, da ist, ist er der, der diesen angstbesetzten Weg auf den Berg Morija auf sich nehmen muss. Wie mühsam wird die Angst überdeckt durch seine Auskunft, als Isaak nach dem Opfertier fragt: *„Mein Sohn, Gott wird sich ersehen ein Schaf zum Brandopfer"* (1Mose 22,8).

Der biblische Erzähler schweigt von den Qualen der Angst, die Abraham und Sara durchmachen. Man kann sie allenfalls zwischen den Zeilen finden. Das Bild des strahlenden Vaters des Glaubens scheint den Schmerz des Wartens und die ausdrückliche Benennung der Ängste nicht zuzulassen.

Jakobs Übergang über den Jabbok

Jakob kehrt nach einer endlos langen Zeit in der Fremde in die Heimat zurück und kommt an einen Flussübergang. Aus allem, was bis dahin erzählt worden ist, ist klar: Jakob weiß nicht, wie ihn sein Bruder Esau empfangen wird, den er vor Jahren – vorsichtig formuliert – über den Tisch gezogen hat und der ihm den Tod gewünscht hat.

Jakob sendet seine Familie samt dem ganzen Tross schon über den Fluss. Er bleibt allein zurück. Und Jakob kämpft dann eine ganze Nacht lang – mit wem? Sind es Flussgeister? Sind es Nachtgespenster? Oder ist sein Kampf mit seinem übermächtigen Gegner in Wahrheit auch ein Kampf mit der Angst – vor der Begegnung mit Esau? Ein Kampf mit der Angst vor den Anklagen aus dem Mund des Bruders?

Wie öfters in biblischen Erzählungen bleibt die Identität des Gegenübers, hier dessen, der mit Jakob kämpft, ungeklärt. Selbst der Satz: *„Du sollst nicht mehr Jakob heißen, sondern Israel; denn du hast mit Gott und mit Menschen gekämpft und hast gewonnen"* (1Mose 32,29) ist keine wirkliche Klärung, weil er sich auf den ganzen Weg Jakobs bezieht und nicht nur auf den nächtlichen Kampf.

Die Brüder Josefs nach dem Tod des Vaters

Jakobs Söhne hatten, wie es oft genug ist, ein angespanntes Verhältnis zu einem unter ihnen. Die Brüder Josefs mochten den Liebling des Vaters nicht. Er lieferte ihnen auch Gründe genug für ihre herzliche Abneigung, die dann dazu führte, dass sie ihn aus dem Weg räumten und als Sklaven nach Ägypten verkauften.

Was sie nicht wissen konnten: Dort macht Josef Karriere. Und weil er vorausschauend einer Hungersnot durch kluge Vorratswirtschaft vorbeugte, waren sie, um dem Hunger zu entgehen, auf ihn angewiesen. Es kommt zu neuen Begegnungen, zu Schritten zueinander, zu Versöhnungen. Aber man kann nie wissen, ob nicht irgendwann die alten Rechnungen doch präsentiert werden. So geht es auch den Brüdern Josefs. Und dann heißt es: *„Die Brüder Josefs aber fürchteten sich, als ihr Vater gestorben war, und sprachen: Josef könnte uns gram sein und uns alle Bosheit vergelten, die wir an ihm getan haben"* (1Mose 50,15). In diesen Worten der Brüder zeigt sich die Angst, dass ihr altes Unrecht an dem Bruder sie jetzt, nach dem Tod des Vaters, doch einholen könnte. Jetzt könnten die Hemmnisse für Josef weggefallen sein, die Scheu vor dem Vater, die ihn Rache auf die lange Bank schieben lässt. Sie wäre an sich nicht unbegründet, aber Josef sieht das Geschehen in einem anderen Licht: *„Fürchtet euch nicht! Stehe ich denn an Gottes statt? Ihr gedachtet es böse mit mir zu machen, aber Gott gedachte es gut zu machen, um zu tun, was jetzt am Tage ist, nämlich am Leben zu erhalten ein großes Volk. So*

fürchtet euch nun nicht; ich will euch und eure Kinder ver-
sorgen. Und er tröstete sie und redete freundlich mit ihnen"
(1Mose 50,19-22). Die Angst der Brüder ist gegen-
standslos, weil Josef sie durch seine Güte gegenstands-
los macht.

Josua vor dem Weg ins gelobte Land

Eine große Truppe von Halbnomaden, schlecht bewaff-
net, kaum ausgebildet, steht vor den mächtigen Mauern der Städte in Kanaan. Sie glauben, dass dies ihr
Land werden soll. Weil Gott es ihnen geben wird. Aber
wie soll das gehen? Wir hören nichts von Angst. Josua,
nach Mose der Anführer der Israeliten, ist erst einmal
Empfänger eines Gotteswortes und wird gleich mehrfach aufgefordert: *„Sei nur getrost und ganz unverzagt"*
(Jos 1,6; 1,7; 1,9). Ein Wort, das völlig überflüssig ist,
wenn keine Angst oder Furcht im Spiel ist. Aber offensichtlich ist die Situation vor der Landnahme nicht die
eines Spaziergangs. Da ist Angst mit im Spiel!

Angst um den Tod des eigenen Kindes

Jesus geht neben Jairus, als diesem die Nachricht vom
Tod seiner Tochter überbracht wird und der damit seinen
Ruf nach Hilfe für unerfüllbar hält. Seine Angst um das
Leben der Tochter war nicht grundlos – aber jetzt scheint
mit der Todesnachricht alle Hoffnung grundlos. *„Jesus*

aber hörte mit an, was gesagt wurde, und sprach zu dem Vorsteher: Fürchte dich nicht, glaube nur!" (Markus 5,36). Er steht neben ihm, dem mit dem Tod seines Kindes sein Leben zerbrochen ist, und sagt doch: „Fürchte dich nicht." Jairus sieht keinen Gott – er sieht einen Menschen. Es ist zuerst das Wort eines Menschen, der auch in der Tiefe des Schmerzes noch wagt zu sagen: „Fürchte dich nicht." Es ist das Wort eines Menschen, der sein Wort dem Schmerz entgegensetzt und damit den Schmerz begrenzt. Dass dieses Menschenwort gleichwohl Wort aus der größeren Wirklichkeit Gottes ist, kann Jairus auf dem Weg noch nicht sehen. Das wird zur verborgenen Erfahrung in seinem Haus, als er den Weg mit diesem Wort weitergeht.

Hananias und der blinde Paulus

Noch eine andere Geschichte. Da sind Christen voller Angst vor der Verfolgung. Sie wissen, dass einer unterwegs ist, der sie gnadenlos jagt, ausliefert, der sie nicht will. Er hat Gefallen daran, dass sie zu Tode kommen. Was für eine Erleichterung, als es sich herumspricht: Saulus ist außer Gefecht gesetzt. Erblindet. Er sieht nicht mehr, kann uns nicht mehr jagen.

Und was für eine Irritation für einen wie Hananias, der gerade erleichtert aufgeatmet hat: *„Der Herr sprach zu ihm: Steh auf und geh in die Straße, die Die Gerade heißt, und frage in dem Haus des Judas nach einem Mann mit Namen Saulus von Tarsus. Denn siehe, er betet und hat in einer Erscheinung einen Mann gesehen mit Namen Hananias, der* *zu ihm hereinkam und die Hand auf ihn legte, damit er wieder sehend werde."* Man hört es noch, wie die Angst ihm die Worte einflüstert: *„Herr, ich habe von vielen gehört über diesen Mann, wie viel Böses er deinen Heiligen in Jerusalem angetan hat; und hier hat er Vollmacht von den Hohenpriestern, alle gefangen zu nehmen, die deinen Namen anrufen"* (Apg 9,11-13). Es ist eine hohe Mauer der Angst, die Hananias überwinden muss, um hinzugehen und zu sagen: „Lieber Bruder Saul."

Jesus

Die Nacht muss lang gewesen sein. Alle schliefen, während Jesus vor seiner Verhaftung im Garten Gethsemane wachte. Hatte er Angst? Fürchtete er sich vor dem, was vor ihm lag, als er die Worte betete: „Mein Vater, wenn es möglich ist, lass diesen Kelch an mir vorübergehen"? Sieht er vor sich, was kommen wird – Schläge, Schmerzen, Einsamkeit, schließlich diesen Schandtod am Kreuz?

Wie viel Angst spricht aus diesen Worten. Jesus war Mensch und kannte daher die Angst genauso gut wie jeder wahrhaftige Mensch – die Angst, die einem die Kehle zuschnüren und den Atem nehmen kann. Wie also hätte er angesichts dessen, was ihm nach der Verhaftung bevorstand, angstfrei sein können? Wenn wir nicht davon ausgehen, dass das alles mit der Passion nur ein Akt eines Theaterstückes ist, dann werden wir wohl damit rechnen müssen: Jesus lernt die Angst von ihrer Innenseite her kennen – bis zum Schrei am Kreuz: *„Mein Gott, warum hast du mich verlassen?"* (Mk 15,34).

In diesem Schrei Jesu zeigt sich, so denke ich, der tiefste Grund der Angst: seiner und auch unserer Angst. Wir könnten Gott verloren gehen, Gott könnte uns verloren gehen und uns verloren geben. Hinter aller Angst, die uns in der Welt befällt, taucht diese Urangst auf: heimatlos, gott-los, ungeliebt, ohne Sinn in die Welt geworfen zu sein. Wir könnten am Ende doch ganz allein sein. Ganz viele, wenn nicht alle Errungenschaften der Menschheit sind aus dem Bestreben geboren, dieser Angst standzuhalten.

Wir sind es gewohnt, die Geschichten der Bibel als Siegesgeschichten zu lesen, auch über die Angst. Aber wer zu schnell bei den Siegen, den guten Ausgängen landet, der überspringt das, was diese Geschichten kostbar macht: dass sie die Wirklichkeit, in der die Angst tausend Gesichter hat, nicht ausklammern, sondern mit beschreiben. Erst wenn man diese Wirklichkeit anschaut, werden die vermeintlichen „Siege" zu guten Ausgängen.

Eine Anregung zum Innehalten und eigenen Nachdenken: Welche biblischen Geschichten fallen Ihnen als Angst-Geschichten ein? Gibt es in diesen Geschichten zugleich so etwas wie ein Mut-mach-Potenzial?

Kreuzzeichen

Wassertropfen fallen, sickern in den Sand,
fließen zueinander, unsichtbar.
Ein frischer Quell entspringt, ein Bach erquickt das Land,
ein Fluss strömt in den See, tief und klar.
Strom aus hundert Quellen, Strom voll Fruchtbarkeit
drängt hinab zum Meer, wird groß und weit.
So, wie das Wasser, wie das Wasser, wie das Wasser rinnt –
kein Tropfen bleibt allein, kein Tropfen je zu klein,
so zueinander, beieinander, füreinander sind,
die das Zeichen seh'n und versteh'n.
Gegen die Angst, wenn sie über alle Ufer steigt
Gegen die Angst, wenn der schwache Glaube kleinlaut
schweigt
Gegen die Angst, zu zerbrechen an dem Urteil dieser Welt
Gegen die Angst ist ein Zeichen aufgestellt.

Hoffnung wächst ganz leise, doch sie sammelt sich,
brennt wie eine Flamme, eine Glut.
Meine Hoffnung war zu einsam, doch dann fand sie dich.
Gemeinsam wuchs die Stärke, wuchs der Mut.
Hoffen miteinander, gegen Einsamkeit,
Hoffen macht die Seelen groß und weit.
So, wie die Flamme, wie die Flamme, wie die Flamme
brennt,
vertreibt die Dunkelheit, durchbricht die Einsamkeit.

Wer jenes Zeichen, jenes Zeichen, jenes Zeichen kennt,
wird nicht einsam sein, nicht allein.

Furcht soll uns nicht besiegen,
wir wollen den Himmel seh'n.
Wer fällt, der bleibt nicht liegen,
es lohnt sich, aufzusteh'n.[10]

Ohne fromm vor der Angst auszuweichen: Der Blick auf das Kreuz, auf den Gekreuzigten öffnet eine neue Perspektive. Er ist ja hineingegangen in die allertiefste Angst, die Angst vor der Gottesferne, der Gottesfinsternis; in die Angst, für immer vom Ursprung und Ziel des Lebens getrennt zu sein. Dieser letzten Angst, zuletzt, in der Stunde des Todes, doch ganz allein zu sein, wird mit dem Kreuzzeichen ein Gegenzeichen entgegengestellt.

Es ist am Kreuz, wo wir das Licht zuerst sehen, nicht wenn wir geboren werden oder wenn wir das Meer oder die Sterne zum ersten Mal anschauen. Es ist am Kreuz. In der Mitte des Kampfes, wo wir das Licht erfahren und frei von unseren Ängsten werden. Die Last der Sünde, unsere Machtlosigkeit in der Entfremdung rollt von unseren Herzen: Dort am Kreuz, wo die Liebe gegen die Gewalt kämpft, empfangen wir die Perspektive für unser Leben. Wir lernen uns als Kämpfende und Leidende anzunehmen, das Licht ist bei uns.[11]

Frühere Generationen haben etwas davon gewusst, dass der Blick auf das Kreuz eben nicht nur ein Blick auf die Grausamkeiten der Welt ist. Auch nicht der Blick auf einen schrecklichen Gott, der sich einreiht in die Reihen der Quälgeister unserer Seele. Sondern dass uns dieser Blick auf den Gekreuzigten hilft, in einer Welt, die so viel Schrecken kennt, so viel Angst produziert, zu sehen: Gott ist in einer letzten Weise mit uns solidarisch. So, dass er sich in den Todesschrecken hineingibt. So, dass er das Dunkel des Todes, ja der Gottesferne auf sich nimmt, überspitzt gesagt, sich selbst dem Tod preisgibt. Warum? Damit wir in dieser letzten Stunde der tiefsten Angst nicht allein sind. Auch wenn wir nichts fühlen und spüren von seiner Nähe.

3. Wie können wir mit unserer Angst umgehen?

Vorweg: Wer behauptet, er habe keine Angst, lebt gefährlich. Und gefährdet wahrscheinlich nicht nur sich, sondern auch andere. Wer keine Angst kennt, fährt zu schnell, lebt zu riskant, überfordert sich selbst und andere, weil er keine Grenze kennt. Und Ängste, die nicht zugelassen werden, bahnen sich ihre eigenen Wege, zum Beispiel im übergroßen Streben nach Sicherheit oder in Süchten unterschiedlichster Art. Also: *„Auch die Angst hat ihren Sinn und will mir etwas sagen. Ohne Angst hätte ich auch kein Maß, da würde ich mich ständig überfordern.“*[12]

Wer sich dagegen seinen Ängsten stellt, erkennt, in welcher Weise sie sein Leben einengen. Er gewöhnt sich nicht an sie, im Gegenteil: Er empört sich über sie, dass sie ihn dorthin treiben, wohin er nicht will. Er wird versuchen, sie zu überwinden oder wenigstens mit ihnen umgehen zu lernen.

Der Angst in die Augen schauen

Manchmal durchzieht uns Angst, als gäbe es für sie keinen Widerstand. Dann ist es gut, anzuschauen und womöglich aufzuschreiben, was uns Angst macht, und zu überlegen, was das Schlimmste, das Zweitschlimmste, das Nächstschlimme zu sein scheint. Denn nicht alles, was uns bedrängt, ist in gleicher Weise einengend. Das eine ist weniger schwer zu ertragen als das andere.

Wenn wir danach fragen, was schlimmstenfalls „dabei" herauskommen kann, werden wir erkennen, dass das, was uns besonders ängstigt, zwar unangenehm werden kann, in aller Regel aber nicht katastrophal enden wird. Meinem Seelsorgeausbilder Gert Hartmann verdanke ich einen Satz, den er „ein Geheimnis" nennt: „Das Leben gelingt meistens einigermaßen, nicht immer leider; aber meistens gelingt es, allen Widrigkeiten und Fehlern zum Trotz."[13]

Also: der Angst in die Augen schauen. Nicht wegschauen, verdrängen, verleugnen, sondern hinschauen. So hinschauen, dass sie uns dennoch nicht gefangen nehmen kann.

Sich der Angstschwelle nähern

Ein Lebens-Mittel, mit der Angst umgehen zu lernen, besteht darin, so oft und so weit wie möglich angstauslösende Situationen aufzusuchen. Wenn Sie es wagen – vielleicht zunächst mit ein paar Perlen auf der Oberlippe –, sich dem, wovor Sie sich ängstigen, zu nähern, werden Sie in aller Regel erfahren, dass die angstvolle Vorstellung nicht mit der tatsächlichen Erfahrung übereinstimmt.

Ich habe zum Beispiel eine große Angst vor Schlangen. Das geht wahrscheinlich auf einen Film zurück, den ich in meiner Kindheit gesehen habe – „Als Missionar in Afri-

kas Wildnis". Ich war vielleicht zehn oder elf Jahre alt. Da geht ein kleiner Junge, in kurzen Hosen und mit einem Tropenhelm bekleidet, flötenspielend durch das Gelände. Weil er nur auf seine Flöte achtet, sieht er nicht, wohin er tritt. Der Biss der Giftschlange ist tödlich.

Die Bilder dieses Filmes, dessen Inhalt ich überhaupt nicht mehr weiß, haben sich mir tief eingeprägt. So tief, dass ich noch heute, wenn ich durch unsere liebliche deutsche Mittelgebirgslandschaft wandere, Schritt für Schritt vor mich schaue, immer von der Angst geplagt: Da könnte eine Schlange sein. Seltsam krumme Aststücke reichen, um mich an meine Angst zu erinnern.

Ich bin klug genug, um mir selbst zu sagen: alles Quatsch. Ich versuche auch manchmal, mir einzureden: „Du schaust nur auf den Boden, damit du nicht ins Stolpern kommst." Aber tief in meinem Herzen weiß ich: Es ist diese törichte Schlangenangst, die mich plagt.

Sie können sich vielleicht vorstellen, was es mich für eine Überwindung kostete, im Urlaub mit den Kindern im Allgäu eine Schlangenfarm zu besichtigen. Die Kinder sahen das Hinweisschild und wollten dahin. Ich musste wohl oder übel mit. Es war eine starke Erfahrung: Ich konnte Schlangen sehen, auch große und giftige – und wusste doch, dass sie mir nichts tun können.

Oder: Ich habe Angst vor Abgründen, vor dem Abstürzen. Wenn ich an eine Bergkante gehen soll, wird mir mulmig. Bei Bergwanderungen, die ich sehr liebe, kostet es mich schon Überwindung, wenn der Weg zu schmal wird. Wenn die Abgründe allzu sichtbar sind. Steil darf der Weg sein, aber es sollte ein wenig Abstand zur Bergkante geben. Oder wenigstens Sichtblenden durch Latschenkiefern und Ähnliches.

Was kann ich gegen diese Abgrund-Angst tun? Ein winziger Anfangsschritt: sich auf einen Stuhl stellen. Sich beim Wandern an den Stöcken Stabilität holen. Ich nähere mich dem Abgrund so weit, dass ich ihn sehen kann, aber nicht so weit, dass mir schwindlig wird. Ich halte mich fest an einem Seil, das da gespannt ist.

Manchmal waren wir mit unseren Kindern in der Schlitzerländer Tierfreiheit. Dazu gehörte ein Freigehege für Bären. Von einer hohen Brüstung aus konnte man sie betrachten. Damit die Kinder sie auch sehen konnten, setzte meine Frau sie auf die Brüstung. Ich stand daneben und bin tausend Tode vor Angst gestorben. Ich musste sehr mühsam lernen, meiner Frau zu glauben: „Ich halte sie doch fest!"

Verglichen mit den Ängsten, die das Leben sonst mit sich bringt, sind meine Ängste, die ich bislang geschildert habe, buchstäblich Kinderkram. Es gibt, und ich kenne auch das, die anderen Ängste: Die Angst vor dem Gespräch mit dem Arzt, weil der Körper nicht mehr so will, wie er soll, ist härter. Die Angst, die eine eindeutig negative Diagnose auslöst, ist härter. Die Angst vor dem Altwerden, schlimmer noch, die Angst vor dem Einsamwerden im Alter, ist wohl härter. Manchmal packt die Angst vor dem Alleinsein nach mir und schüttelt mich. Und wie viele Menschen hat die Angst vor dem Schicksal, das sich mit der Diagnose „Demenz" verbindet, fest im Griff? Die wenigstens macht mir bislang noch nicht wirklich Angst.

Noch einmal anderer Art, und für den, der sie nicht teilt, umso schwerer zu verstehen, sind die Ängste, die Fremde auslösen. Menschen aus anderen Kulturkreisen. Menschen mit anderer Religion, anderer Lebensweise. Erst recht, wenn sie nicht nur einzeln kommen, sondern in großer Zahl. Was soll das werden? Wie sollen wir als Volk damit fertigwerden? Dabei geht es ja nicht einfach nur um die platte Frage, wer das bezahlen soll.

Nicht jeder, der die Entwicklung der Flüchtlingszahlen besorgt beobachtet, ist deshalb gleich ausländerfeindlich oder gar ein Rassist. Die Sorge, die sich da zu Wort meldet, kann nicht schön- oder weggeredet werden. Sie weicht – vielleicht –, wenn konkrete Schritte sichtbar werden, wie man mit diesen fremden Menschen umgehen kann und wie sie ihrerseits mit der Wohnbevölkerung, die schon länger da ist, umgehen und auf sie eingehen. Und auch das könnte helfen, dass man sich kennenlernt. Von Angesicht zu Angesicht. Sich aufeinander einlässt und entdeckt: Der Fremde ist ein Mensch, genau wie ich.

Hinter den vielen Fragen, die im Zusammenhang mit dem Zustrom der Flüchtlinge entstehen, meldet sich – so denke ich – die tief sitzende Angst vor Veränderungen, von denen keiner redlicherweise sagen kann, wo sie enden werden. Es wird wohl so sein: Keiner, kein Politiker ganz weit oben und kein Bürger ganz unten, kann ernsthaft und umfassend beschreiben, wie das Land sich verändern wird durch diesen Zustrom. Aber, so sagt mir meine nüchterne Vernunft: Keiner und keine könnte auch seriös beschreiben, wie das Land sich verändern wird ohne diesen Zustrom.

Vielleicht ist es eine schlichte Entlastung: Mit denen, die da aus Syrien, Afghanistan oder dem Irak zu uns kommen, haben wir „die Schuldigen" für Veränderungsprozesse, die uns unendlich viel seelische Kraft abverlangen. Hätten wir sie nicht, müssten wir uns auf die Suche nach anderen „Schuldigen" machen – der Globalisierung, dem Fortschritt, den modernen Medien, der Weiterentwicklung des Wohlstandes – und, ja auch, dem Wandel in dem, was wir vom Leben als unser gutes Recht erwarten. Das alles gibt es ja nicht, wenn alles so bleibt, wie es immer schon war.

Die Sehnsucht nach Dauer ist eine sehr tiefe und frühe in uns. Wie wir gesehen haben, ist die verlässliche Wiederkehr des Gewohnten und Vertrauten in unserer Kindheit ungemein wichtig für unsere Entwicklung, sie ermöglicht uns erst die Entfaltung spezifisch menschlicher Eigenschaften, unserer Gefühls- und Gemütsseite und unserer Liebesfähigkeit, lässt uns Vertrauen und Hoffen lernen.[14]

Das ist eine der Wurzeln der Angst in unserer Zeit und in unserem Volk, dass die einzige Konstante der Wechsel zu sein scheint, dass nichts so bleiben kann, wie es seit alters her war, dass die Stabilität der Gesellschaft nicht mehr in festen, gewohnten Formen besteht, nicht mehr durch allen gemeinsame Werte wie von selbst ge-

42

sichert erscheint, sondern in einem immer neuen Prozess erarbeitet sein will – Wandlungen inbegriffen.

Es ist die Wirklichkeit der Welt, dass sie im Wandel ist, dass es ständig neue Konstellationen gibt. Aber ein Mensch, der von Veränderungsängsten geplagt ist, *„kann es schwer annehmen, dass es im Bereich des Lebendigen keine Absolutheit, keine unveränderlichen Prinzipien gibt, dass Lebendiges nicht völlig vorausberechenbar festgelegt werden kann."*[15] Wer sich davor ohne Ende fürchtet, verweigert sich und glaubt sich damit auch im Recht. Aber wo keine Veränderung mehr ist, kein Wandel, da ist nicht nur Stillstand, sondern Tod. Wer will, dass alles ganz so bleibt, wie es immer war, wünscht sich in Wahrheit aus Angst vor dem Leben den Tod. Das erklärt womöglich auch, warum an manchen Stellen der Streit um Veränderungen in der Gesellschaft, um den notwendigen Wandel, so bitter ist: Es geht in der Tat um Leben und Tod.

Sich Hilfe suchen und nicht allein bleiben

Ich erzähle von Schritten gegen die Angst, wie ich sie in meinem Leben probiere. Andere haben andere Ängste und brauchen deshalb auch andere Annäherungsschritte. *„Es gibt Angst nur erlebt und gespiegelt von einem bestimmten Menschen und sie hat darum immer eine persönliche Prägung, bei aller Gemeinsamkeit des Erlebnisses Angst an sich."*[16] Angst ist immer meine Angst, sogar, wenn wir sagen: Wir haben Angst. Umso wichtiger: Der erste

Anfang zum Bewältigen von Angst ist das schlichte Eingeständnis: Es gibt Situationen, in denen die Angst nach mir greift. Vorstellungen und Bilder, die in mir Ängste auslösen. Ob die Angst immer berechtigt ist, spielt eine völlig zweitrangige Rolle.

Es ist ein Schritt, der unserer Zeit schwerfällt. Weil wir es von allen Seiten vorgesagt bekommen: „Du bist für dich verantwortlich. Du ganz allein. Du musst dein Leben meistern. Von A bis Z, von der Wiege bis zur Bahre."

Es gibt eine Stelle im Richterbuch, da hat es Gideon mit den übermächtigen Midianitern zu tun, die Jahr für Jahr einfallen, die Felder verwüsten und die Leute schinden. Und jetzt wird er gerufen, um sich diesen Midianitern entgegenzustellen: *„Und der HERR sprach in derselben Nacht zu Gideon: Steh auf und geh hinab zum Lager; denn ich habe es in deine Hände gegeben. Fürchtest du dich aber hinabzugehen, so lass deinen Diener Pura mit dir hinabgehen zum Lager, damit du hörst, was sie reden. Danach werden deine Hände stark sein und du wirst hinabziehen zum Lager"* (Ri 7,9-11).

Für mich ist das ein wunderbares Beispiel für die Überwindung von Angst. Sie wird zugelassen und muss nicht verleugnet werden. Gideon hört: Du darfst Angst haben und musst nicht den unerschrockenen Krieger geben. Die Angst wird angesprochen und es wird ein Gegenmittel verabreicht, die Begleitung durch Pura. Wir erfahren nicht, ob Pura besonders stark war, eine Kämpfer-Natur, eine Art Löwenherz. Wir erfahren nicht, ob er Gideon sagt: *„Hab keine Angst und fürchte* *dich nicht."* Der biblische Text kennt nur einen schweigenden Pura. Er sagt kein Wort. Muss er auch nicht. Er ist da, bei Gideon. Das genügt, um die Angst bestehen zu können.

Ich habe das selbst erfahren: Damit ich herauskomme aus den eingefahrenen Gleisen der Angst, darf ich mir Hilfe suchen, darf ich mir ein offenes Ohr suchen, darf ich mir einen Gefährten wie Pura suchen, darf ich meine Hand wie Petrus ausstrecken, damit einer mich hält. Es reicht, dass er da ist, auch wenn er „nur" schweigend an meiner Seite da ist. Dazu später noch mehr.

Die Angst vor Fehlern verabschieden

In einer Welt, in der alles perfekt sein muss, vorzeigbar, regiert die Angst vor Fehlern. Es fällt unglaublich schwer, zuzugeben: „Ich habe einen Fehler gemacht." Erst recht, wenn man den Satz im Ohr hat: „Alles, was Sie jetzt sagen, kann gegen Sie verwendet werden." Politiker, Führungspersonen, aber auch Normalos streiten doch nicht alles ab, weil sie notorische Lügner sind. Sie haben Angst, ihr Bild in der Öffentlichkeit zu zerstören und bloßgestellt zu werden: „So einer ist das!"

In der Christusbruderschaft Selbitz habe ich 1980 eine Andacht miterlebt, die mir unvergesslich ist. Einer der Brüder erzählte aus seiner Kindheit – von einem Hörfehler. Er hat bei *Lobe den Herren, der alles so herrlich regieret"* als Schüler immer gehört: *„Lobe den Herren, der alles so herrlich radieret."* Weil es Tadel gab für Schreibfehler, für Schmierereien in den Heften. Was für ein guter Gott, der solche Schreibfehler wegradiert. Und was für ein Glück, dass man bei diesem Gott Fehler machen darf und seine Liebe einen trägt.

Kämpfen und manchmal auch fliehen

Es gibt ein Lied von Clemens Bittlinger, das ich oft gehört habe, weil es politische Ängste auf den Punkt bringt:

> Macht ist nur die Angst der andern
> und wer Macht hat, nutzt die Angst.
> Und wenn einer schon die Macht hat,
> dass sich andre nicht mehr trauen.
> Sag, wie soll es dann erst werden,
> wenn im kalten Morgengrauen
> in den Straßen Stiefelgleichschritt
> und Faschistengröhlen hallen.
> Sag: Wer leistet Widerstand dann
> gegen die Gewalt.[17]

Es braucht den Sprung über die eigene Angst, sich dem entgegenzustellen, was passiert – auf Bahnhöfen, in Straßenbahnen, in Kneipen. Manchmal ist der erste Schritt aus der Angst einfach nur zu sagen: „Ich will solche Sprüche nicht hören." Oder sich einzumischen, auch wenn man nicht weiß, wie man aus dieser Einmischung wieder herauskommt.

Wenn einer so einen Sprung wagt, geht er, wie unsere Sprache es schon sagt, ein Wagnis ein. Er verlässt den Ort, an dem er sicher steht. Er lässt sich hineinziehen in eine Situation, in der noch nicht klar ist, wie sie ausgehen wird. So wie der Artist, der den eigenen sicheren Haltegriff am Trapez löst, durch die Luft fliegt und die Hand ausstreckt nach dem anderen Artisten, der ihn auffangen wird. Dieses Sichlösen ist ein Schweben im leeren Raum. Ein Wagnis des Vertrauens. Risiko. Dass dabei auch Angst im wahrsten Sinn des Wortes mitschwingen mag, sachlich umschrieben als Adrenalinausstoß, ist nur zu verständlich.

Es gibt ja genügend Ratschläge, die sagen: „Halte dich raus. Misch dich nicht ein." – Sogar biblische Ratschläge: *„Wer vorübergeht und sich mengt in fremden Streit, der ist wie einer, der den Hund bei den Ohren zwackt"* (Spr 26,17) – selbst schuld, wenn du gebissen wirst. Aber das sind Worte, die aus der Angst geboren sind und die am Ende nur die Ängste verstärken.

Auf meinem Schreibtisch lag lange der Spruch: *„Wer zum Bösen schweigt, der fördert, was im Gang ist."* Wer sich nicht einmischt, sich nicht den Trends entgegenstellt, der wird am Ende einfach mitgerissen werden und nicht mehr widerstehen können. Auch das ist ja eine berechtigte Angst: Es gibt einen Punkt, an dem es mit dem Widerstehen vorbei sein könnte.

Was es bedeuten könnte, sich in einer politischen Herausforderung den eigenen Ängsten entgegenzustellen, entnehme ich einem Brief meines Schwiegervaters vom 9.2.1992. Damals war er 71 Jahre alt. Es geht um ein Ereignis am 9.11.1991, ausgerechnet an einem 9. November:

Ich besuchte in Aschaffenburg einen Vortrag über die Mönchsrepublik Athos. Wegen ungünstigen Zuganschlusses in Frankfurt am Main erreichte ich den Bahnhof Oberursel erst um 0.30 Uhr. Meine Frau warnte mich anlässlich eines Anrufs von Frankfurt aus: „Pass auf, dass nichts passiert ..." Kurz nach dem Verlassen des Bahnhofs hörte ich 15 Meter hinter mir hasserfüllte Schimpfworte und Flüche. Einer unserer Landsleute (unauffällige Erscheinung, mittleres Alter – kein Skinhead) pöbelte zwei farbige Ausländer (vermutlich Asylanten) auf äußerst unflätige Weise an. Dies war mir unerträglich und so versuchte ich, den Mann zu belehren, dass man so nicht mit Menschen umgehen kann: „Wie vielfach bewiesen, beginnt es so und endet mit Mord" usw. Die beiden Asylanten hatten einen anderen Weg nach Hause; ich sah sie bald nicht mehr. Der Mann, eindeutig ein mit Hass erfüllter Nazi, konnte die Belehrung nicht ertragen. Er legte etwa 30 Meter mit mir debattierend zurück. Dann überschüttete er mich mit hässlichen Schimpfworten (Kommunistenschwein etc.) und stürzte sich wie eine Bestie blitzschnell und unerwartet auf mich und versetzte mir einen Stoß, dass ich rückwärtsflog und mich auf dem Rücken liegend auf dem Bürgersteig wiederfand – beide Handgelenke gebrochen. Der Täter verschwand. Sonst war weit und breit niemand zu sehen, der hätte helfen können. Ich war sehr benommen und kam nur mit äußerstem Energieaufwand wieder auf die Beine. Wie leicht hätte ich liegen bleiben und auskühlen, ja erfrieren können. Nachdem ich zum geparkten Auto gewankt war, schaffte ich es noch, die 4 km nach Hause zu fahren … Schlimm ist die Erkenntnis, dass Menschen in unserem Land wegen einer unterschiedlichen Meinung schon wieder niedergeschlagen werden. Wir sind nicht mehr weit entfernt von der sogenannten „Kampfzeit" der frühen 30er-Jahre.

Rechtzeitig widerstehen. Sich dem entgegenstellen, was im Gang ist, solange noch Zeit dafür ist. „*Initiis obsta!"* (Wehret den Anfängen) haben wir als Gymnasiasten in den 60er-Jahren gelernt, als unsere Lehrer mit uns die Anfänge des Nationalsozialismus behandelt haben. Da gab es eine lange Zeit, in der die Nazis nicht ernst genommen und verharmlost wurden – „Nur ein paar politische Spinner und Wirrköpfe." Bis es dann nach dem Tag der Machtergreifung zu spät war, als Fakten geschaffen wurden und die braune Flut stieg und stieg.

Den gefährlichen Tendenzen rechtzeitig in den Arm fallen. Auch wenn es mit Ängsten verbunden ist. Sich outen als jemand, der gegen Rechts ist. Gegen ausländerfeindliche Hetze. Gegen die flotten Sprüche, die alle Asylbewerber in einen Topf werfen. Gegen die Parolen von den Sozialschmarotzern, die nur in unsere Sozialsysteme einwandern wollen. Das ist in diesen Tagen aktuell und eine Herausforderung an Christinnen und Christen. Und das darf nicht denen überlassen bleiben, die uns regieren.

Es gibt Helden und es gibt Feiglinge. Aber nicht immer haben die Helden recht und die Feiglinge unrecht.

Es gibt die, die kämpfen bis zum Letzten, und es gibt die, die wissen, dass nicht jeder Kampf angesagt ist. In den Zeiten der Friedensbewegung hat Jörg Zink einen ganz wichtigen Beitrag geleistet, als er schrieb:

Wir nehmen an, ein kleines Kind steht vor einer Straßenwalze. Der Fahrer sieht das Kind nicht und fährt an. Nun hat das Kind mehrere Möglichkeiten: Es erstarrt im Schreck und wird überfahren. Oder: Es ruft der Straßenwalze zu: Das darfst du nicht! Bleib stehen! Oder: Es stemmt sich gegen die Walze. Es wird in allen Fällen unterliegen. Die Walze ist stärker. Die einzige Chance, die das Kind hat, ist die, wegzulaufen so schnell es geht. Es gibt eine Form der Auseinandersetzung mit dem Bösen, die in der Flucht besteht – dann nämlich, wenn das Böse als plumpe, brutale Gewalt auftritt. Wenn das Leben erhalten werden soll, bleibt in vielen Fällen nur die Flucht. Wenn Freiheit noch eine Chance haben soll, bleibt in vielen Fällen ebenso nur die Flucht. Wer seine Seele retten will, seine Integrität, muss, wenn die Gewalt zu groß ist, fliehen.[18]

Der Kampf um den Eisenberg

Zu Beginn der 1980er-Jahre traf eine Meldung den Ort Schlitz, in dem ich lebte und Pfarrer war. Auf dem Eisenberg, unserem Hausberg zum Wandern und Joggen, soll ein Truppenübungsgelände entstehen. Wir wussten, dass wir nur 30 km entfernt vom Fulda Gap lebten, vom Punkt, wo in einem bewaffneten Konflikt auch taktische Atomwaffen eingesetzt werden könnten, um den „Feind", in diesem Fall die Russen, aufzuhalten.

Angst machte sich breit. Ohnmächtige Wut. Es war eine aufgeheizte Stimmung. Bei Versammlungen im Bürgerhaus war zu spüren: Keiner glaubte den Offizieren der Bundeswehr, die zu beschwichtigen suchten und beteuerten, das seien alles nur Planspiele im Stadium der Prüfung. Was tun? Der Kirchenvorstand befasste sich damit und kam zu einem einmütigen, einstimmigen Beschluss: Wir versuchen, zusammen mit allen Kirchengemeinden des Schlitzerlandes, den Widerstand gegen diesen Eisenberg-Plan zu organisieren. Zwei Bedingungen waren damit verknüpft: Erstens sollte der Widerstand gewaltfrei sein und zweitens nur von den Einheimischen geführt. Wir wollten keine Widerstands-Touristen aus halb Deutschland.

Es wurden Aktionen gestartet: Baumpflanzungen auf dem Eisenberg. Spaziergänge mit über tausend Leuten auf den Eisenberg. Eine Demonstration in der nahen Kreisstadt Lauterbach, vor dem Landratsamt. Alle Teilnehmer waren in Papiersäcke gehüllt als Zeichen der Buße. Wöchentlich traf sich eine Handvoll Leute, um für den Frieden zu beten. Auch dafür, dass der Protest friedlich bleibt.

Heute denke ich: Was da gestartet wurde, war der Versuch, den eigenen Ängsten um die Heimat Paroli zu bieten. Etwas zu tun, damit die Angst nicht überhandnimmt. Aktiv zu werden, solange es eine Chance gibt.

Im September 1983 kam dann die Nachricht, dass die Planungen verworfen seien. Der Eisenberg blieb, wie er war. Unvergesslich ist für mich ein großes Fest voller Kreativität und Dankbarkeit. Der Angst war von einer ganzen Region die Stirn geboten worden.

Man muss nicht kämpfen bis zum äußersten Punkt und darüber hinaus. Man darf auch fliehen. Es ist eine Hilfe, die uns die Angst gibt: Vor einer anrollenden Lawine darf ich mich in Sicherheit bringen. Also: hinschauen und sehen, wo der Kampf angesagt ist – und sich zurücknehmen, wo es vergeblich ist. Und dabei darauf vertrauen: Wer sich der Führung Gottes anvertraut, der wird hier zu unterscheiden lernen. Dieses Vertrauen schließt mit ein und nicht aus, dass man sich manchmal auch falsch entscheidet.

Eine überraschende Entdeckung:
Angst kann positive Seiten haben

Angst bewahrt vor der grenzenlosen Selbstüberschätzung. Es liegt ja eine latente Gefahr darin, dass ich mir mehr zutraue, als in meinen Kräften steht. Dass ich meine eigenen Begrenzungen ignoriere und mich ständig latent überfordere. Die moderne Krankheit des Burn-out hat auch mit diesem Ignorieren der eigenen Begrenztheit zu tun. Ein gesundes Maß an Angst kann einen davor bewahren, Tag um Tag die Grenze eigener Belastbarkeit zu ignorieren. Und *„wenn ich der Angst auf den Grund gehe, sie zulasse, so kann ich mitten in der Angst* *einen tiefen Frieden spüren. Die Angst wandelt sich in Gelassenheit, Freiheit und Frieden."*[19] Nicht immer und nicht überall und schon gar nicht wie von selbst.

Manchmal leitet die Angst zur Vorsicht an. Nicht nur im Zoo oder auf der Wüstensafari. „Du könntest jetzt ruhig überholen, dein Auto gibt das her und der vor dir trödelt doch nur so vor sich hin", sagt die innere Stimme dessen, der es eilig hat. Aber es regt sich Widerspruch: „Es ist nicht so weit bis zu der Bergkuppe, und du siehst doch gar nicht, ob einer kommt, und schon gleich nicht, wie schnell er kommt." Welche Stimme setzt sich durch? Es sind banale Beispiele, aber wahrscheinlich sind sie häufiger und auch nachvollziehbar.

„Es ist eine Risiko-Anleihe. Nicht übermäßig. Aber doch ein bisschen riskant. Und du weißt doch, dass mehr als 4% in diesen Tagen heute erhöhtes Risiko sind", sagt die eine Stimme. Die andere sagt: „Wer nicht wagt, gewinnt nicht. Willst du wirklich zusehen, wie die Inflationsrate dein Geld wegfrisst? Es ist doch ein kalkulierbares Risiko. Und es ist ja nicht alles Geld, was du einsetzt. Nur ein Teil. Nur das, was du in den nächsten Monaten nicht brauchen wirst." Welche Stimme setzt sich durch?

Wir nennen das gewöhnlich nicht Angst, sondern Risikoabwägung. Beim schnellen Fahren, beim Anlegen des Geldes, bei der Klettertour in den Alpen, bei der Fernreise in ein Land, wo es Reisewarnungen des Außenministeriums gibt. Aber die Wahrheit ist doch: Ohne diesen Blick auf das Risiko würden wir blindlings riskieren, ins Verderben zu rennen. Da ist die vernünftige Angst – so nenne ich das schöne Wort Risikoabwägung – ein guter Ratgeber. Es ist nicht wahr, dass Angst immer nur ein schlechter Ratgeber ist.

Eine Anregung zum Innehalten und eigenen Nachdenken: Schauen Sie Ihre Strategien an, wie Sie mit Ihren Ängsten umgehen. Wann gelingt es, Ängste einzudämmen? Wann bleibt nur Ausweichen? Wie ist das für Sie, wenn die Angst wieder einmal Oberhand gewonnen hat?

4. Die Angst vor Gott

Was aber, wenn wir Angst vor Gott haben? Was, wenn Gott uns in Furcht und Schrecken versetzt? Davon redet die Bibel ja manchmal, vom Gottesschrecken, der Heere in die Flucht schlägt, geordnete Streitkräfte in Chaos stürzt, der eine Elitetruppe des Pharao in den Wellen versinken lässt. Und es gibt nicht zuletzt das Wort: *„Schrecklich ist es, in die Hände des lebendigen Gottes zu fallen"* (Hebr 10,31).

Es ist wahr: Israel erzählt solche Geschichten von Gott – von seinem Beistand, als es um die Landnahme geht. Von seinem Beistand auf der Seite Israels gegen überlegene Feinde, die in Waffentechnik und Kriegserfahrung dem Volk aus der Wüste meilenweit voraus und wesentlich weiter entwickelt waren. Aber Gott hilft – durch die Bläsertruppe, die die Mauern von Jericho zum Einsturz bringt. Durch den Hirtenjungen David, der den Großkotz Goliath besiegt, weil er flink ist und glaubensstark. Es sind Mutmach-Geschichten für ein Volk, das sich in seiner Existenz ständig bedroht sieht, dessen Überleben oft genug einem Wunder gleicht. Aber es sind eben keine Geschichten, die lehren wollen: Es ist richtig, Angst vor Gott zu haben. Sondern sie wollen im Gegenteil lehren: Es ist gut, Vertrauen auf Gott zu lernen.

Israel erzählt allerdings auch davon, wie Gott geradezu unnachsichtig straft, wenn man seine Weisungen missachtet. Saul verliert sein Königtum, weil er den Bann nicht vollstreckt. Weil David eine Volkszählung anordnet, um in seinem Planen unabhängig zu werden von Gott, und weil er sich darin an dem Verhalten der Könige ringsum orientiert, schickt Gott eine Pest.

Die Bibel weiß um den Gottesschrecken. Die Bibel erzählt davon, dass wir Gott nie gerecht werden können. Die Bibel sagt: Wer Gott schauen wollte, der müsste sterben. Das gehört zum Grundbestand biblischen Denkens: Wir halten Gott nicht aus. Wir können Gott nicht standhalten. Wenn wir Gott unverhüllt sehen würden, müssten wir vergehen.

Dieses Wissen aber hat sich vermengt mit Gottesbildern, die Angst machen, die Menschen weg von Gott treiben können, die ihnen den Weg zu Gott versperren können. Für nicht wenige stimmt dieses Bild aus dem Glaubenskurs „Spur 8":

Gott – das ist so, als wenn ich in meinem Auto sitze und plötzlich im Rückspiegel einen Polizeiwagen entdecke. Versetzen Sie sich mal in die Situation: Die Adrenalinausschüttung steigt, Schweiß tritt auf die Stirn, ich sehe auf den Tacho („War ich zu schnell?"), ich blicke auf die Straße („Habe ich ein Schild übersehen?"). Woher kommt bloß dieses kranke Bild, das aus Vater im Himmel eine Radarfalle macht? Mal ehrlich, das können wir uns doch lebhaft vorstellen: dass uns Gott bedrohlich im Rücken sitzt, dass er wie ein Oberpolizist dauernd hinter uns herläuft, um aufzupassen, dass wir ja keine Fehler machen. Und darum ist der Himmel für viele so etwas Ähnliches wie eine Flens-

burger Religionssünder-Kartei, wo man laufend Punkte eingetragen kriegt.

Dieses Denken über Gott ist auch das Produkt von Predigten, die Gott einseitig als Richter, als den Zornigen, als den unnachsichtigen Hüter des Gesetzes dargestellt haben. Das ist auch das Produkt von Bibeltexten, die einseitig ausgelegt worden sind, wenn es um Gericht und Schuld gegangen ist.

Es ist kaum zu ermessen, wie viel Angst vor Gott dadurch entstanden ist, dass Gott zum Erziehungshelfer gemacht worden ist – nach dem Motto: *„Der liebe Gott sieht alles und hat dich längst entdeckt"*(Hildegard Knef). Was macht das mit einem Kind, wenn es zu hören bekommt: „Der liebe Gott ist traurig, wenn du dies oder jenes tust." Schlimm genug, wenn der Vater zornig oder die Mutter traurig ist – jetzt aber auch noch der liebe Gott? Oder: Wie viel Unheil können solche Liedverse anrichten, die Kindern vielleicht in bester Absicht beigebracht werden:

Pass auf, kleines Auge, was du siehst.
Pass auf, kleines Ohr, was du hörst.
Pass auf, kleiner Mund, was du sprichst.
Pass auf, kleine Stirn, was du denkst.
Pass auf, kleine Hand, was du tust.
Pass auf, kleiner Fuß, wohin du gehst.
Pass auf, kleines Herz, wer in dir wohnt.
|:Denn der Vater im Himmel schaut immer auf dich,
denn der Vater im Himmel hat dich lieb.:| [20]

Auf mich wirkt der Refrain wie der etwas hilflose Versuch, den Kontrollcharakter des Liedes noch ein wenig aufzufangen.

Tilmann Moser, Autor des Buches „Gottesvergiftung", einer Abrechnung mit Gott, in Wahrheit aber vor allem eine Abrechnung mit einer „christlich" genannten Erziehung, bringt es anklagend auf den Punkt:

> *Es war eine fundamentale Unsicherheit in mir, ob ich nicht etwa mir gar nicht ganz einsehbare Normen verletzt hätte, ob nicht binnen einer kurzen Zeit eine nicht berechenbare Strafe folgen würde, ob ich nicht Sympathien verloren oder mir bei dem und jenem starken Unmut zugezogen hätte. Du hast mir so gründlich die Gewissheit geraubt, mich jemals in Ordnung fühlen zu dürfen, mich mit mir aussöhnen, mich o. k. finden zu können.*[21]

Und direkt danach, für mich erschütternd, diese Worte, gefunden in einem gruppentherapeutischen Training: „Da fragt der Trainer, welche Sätze uns in unserem Leben am meisten eingeschüchtert hätten. Weißt du, was bei mir zum Vorschein kam als die mich domestizierende, einengende, schachmatt setzende stereotype Phrase: ‚Was wird der liebe Gott dazu sagen?'"[22] Was für eine gespenstische Nähe zu dem unschuldigen „Pass auf kleines Auge, was du siehst".

Daraus folgt eine Anklage gegen Gott, die aber in Wahrheit doch eine Anklage sein müsste gegen die, die Gott so zu ihrem Erziehungshelfer herabgewürdigt haben:

Es ist ungeheuerlich, wenn Eltern zum Zwecke der Erziehung mit dir paktieren, dich zu Hilfe nehmen bei der Einschüchterung wie bei der Vermittlung fiktiver Geborgenheit. Es ist genauso ungeheuerlich, wie wenn dich Herrschende zu Hilfe nehmen bei der Knechtung ihrer Völker.[23]

Diese geradezu perverse Angst vor Gott möchte ich abbauen helfen. Ihr trete ich wieder und wieder entgegen. Weil sie Menschen klein macht, beugt und weil sie den Zugang zu Gott versperrt. Darum ist unsere Aufgabe die Weitergabe des Evangeliums als frohe Botschaft und nicht als Droh-Botschaft. Wer das Evangelium als Droh-Botschaft verkündigt, der verdirbt es und vertreibt Menschen vom Glauben. Nicht bedrohen, sondern einladen.

Aber nun gibt es ja nicht nur die entgleiste Rede, die Gott fürchterlich verzerrt und so zur Gottesangst und manchmal auch zum Gotteshass führen kann. Es gibt in der Bibel immer wieder auch die Aufforderung zur Gottesfurcht: *„Die Furcht des HERRN ist der Anfang der Erkenntnis"* (Spr 1,7), und viele andere ähnliche Stellen. Und die Älteren haben es noch auswendig lernen müssen bei Luthers Erklärungen zu den Geboten: *„Wir sollen Gott über alle Dinge fürchten, lieben und vertrauen ..."* – also auch: Gott fürchten!

In einem Buch habe ich einen skeptischen Zwischenruf gefunden:

Zuweilen kommt mir auf dem Weg ein mordlustig ausse-
hender Hund entgegen. Während ich angstvoll dem Un-
heil ins Auge sehe, ruft die Stimme eines (dem Hund nicht
selten ähnlich sehenden) „Herrchen": „Der ist lieb." Und
zuverlässig folgt als weiterer Satz: „Der tut nichts." Die
vertraute Wortwahl erlaubt verblüffende Rückschlüsse
auf die Rede vom „lieben Gott". „Der ist lieb – der tut
nichts." Lieb sein heißt: nichts tun. „Willst du wohl lieb
sein?!", sagt man dem Kind und meint in den meisten
Fällen, dass es etwas unterlassen soll. In dieser Logik zeigt
nicht nur eine bestimmte Pädagogik ihr Gesicht, sondern
auch eine bestimmte Frömmigkeit. Würde – mit Verlaub –
Hund, Kind oder Gott „etwas tun", so wäre es aus mit
dem Lieb-Sein. Der liebe Gott ist lieb, nicht nur solange er
nichts, sondern weil er nichts tut. Vor dem lieben Gott
muss man keine Angst haben. Er tut nichts.[24]

Die Bibel erzählt von einem handelnden Gott. Und weil
Gott nach seinen Maßstäben handelt und nicht der Er-
füllungsgehilfe unserer Wünsche ist, deshalb ist er auch
zu fürchten. Er ist die Grenze für unsere Maßlosigkei-
ten, die Grenze für unsere Lieblosigkeiten. Mit ihm ist
nicht zu spaßen, wenn man sein eigenes Schäfchen ins
Trockene bringen will. Die Furcht Gottes hat nichts mit
Angst zu tun, aber sie hat damit zu tun, dass unsere
menschlichen Allmachts-Fantasien hart begrenzt werden und dass wir an unser Verantwortlichsein erinnert
werden. „Gott fürchten" meint, sich selbst als Geschöpf
zu erkennen und nicht sich selbst zum Gott der Welt zu
machen.

Gottesfurcht beinhaltet auch, dass wir einmal Rechenschaft ablegen müssen über unser Leben – unser Denken, unser Reden, unser Handeln. Es ist eben nicht so, dass vor Gott alles gleich gültig und damit auch gleichgültig ist. Sondern durch die Bibel zieht sich die Aufforderung, dass wir mit unserem Leben Gott entsprechen sollen – angefangen damit, dass wir *„zu seinem Bild geschaffen"* sind (1Mose 1,27), über die Worte Jesu in der Bergpredigt: *„Darum sollt ihr vollkommen sein, wie euer Vater im Himmel vollkommen ist"* (Mt 5,48), bis zu den Worten im 1. Petrusbrief: *„Wie der, der euch berufen hat, heilig ist, sollt auch ihr heilig sein in eurem ganzen Wandel"* (1Petr 1,15). Dem Wissen um diese Berufung entspricht ein Handeln, das sich an ihm orientiert. Dieses Wissen und Handeln hat seine Wurzel in der Gottesfurcht, als einer Ehrfurcht, als einer Einsicht in den unauflöslichen Zusammenhang, dass wir als Geschöpf in der Verantwortung vor unserem Schöpfer stehen.

Dazu gehört eben auch die Rechenschaft über das eigene Leben. Aber: Diese Rechenschaft geben wir dem, der der Retter ist, der uns gerufen hat, der uns als Heiland geliebt und als der Erlöser herausgeholt hat aus der Gottesferne und Gottesfinsternis. Und darum steht über allem Wissen um das Gericht der schlichte Satz: Der uns richten wird, wird uns auch retten. Mag sein, dass sich vieles von dem, was wir gelebt haben, sich als halbfertig, ungenügend, bruchstückhaft erweisen wird.

Das alles aber ist nicht das Letzte. Das Letzte, um das Gericht zu verstehen, leihe ich mir beim Apostel Paulus:

Einen andern Grund kann niemand legen als den, der gelegt ist, welcher ist Jesus Christus. Wenn aber jemand auf den Grund baut Gold, Silber, Edelsteine, Holz, Heu, Stroh, so wird das Werk eines jeden offenbar werden. Der Tag des Gerichts wird's klarmachen; denn mit Feuer wird er sich offenbaren. Und von welcher Art eines jeden Werk ist, wird das Feuer erweisen. Wird jemandes Werk bleiben, das er darauf gebaut hat, so wird er Lohn empfangen. Wird aber jemandes Werk verbrennen, so wird er Schaden leiden; er selbst aber wird gerettet werden, doch so wie durchs Feuer hindurch. (1Kor 3,11-15)

Das macht bescheiden, aber auch furchtlos im Blick auf das Gericht.

Schließlich: Im Johannesevangelium gibt es in Kapitel 14 –16 die Abschiedsreden Jesu. Es ist der Abend vor der Gefangennahme. Jesus weiß um den kommenden Tod. In dieser Situation sagt er zu seinen Jüngern: *„In der Welt habt ihr Angst, aber seid getrost, ich habe die Welt überwunden!"* (Joh 16,33). Damit ist nicht die Angst aus der Welt verschwunden, auch nicht die Angst aus den Herzen der Jünger – aber sie haben eine Zuflucht in ihrer Angst: Jesus, der dem Tod entgegengeht und durch seinen Tod hindurch ihnen und uns die Wirklichkeit Gottes eröffnet, in der alle Angst weichen muss, weil der Tod nicht mehr das letzte Wort hat.

5. Suchen nach Kraftquellen

Mir genügt es nicht, Ängste aufzuspüren und sie zu beschreiben. Mir genügt es auch nicht, sie in einen biblischen Zusammenhang zu bringen. Mich beschäftigt immer wieder die eine große Frage: Wo und wie finde ich Zugang zu Kraftquellen, die mich der Angst standhalten lassen? Die mich ihr gegenüber so stark werden lassen, dass ich mich nicht ergebe, nicht einfach füge. Kraftquellen, die mich Angst überwinden lassen, aber auch mich dazu befähigen, mitten in der Angst doch Zuflucht zu suchen.

Dieser Blick auf die Kraftquellen, die ich sehe, mit denen ich Ängsten entgegentrete, kann Sie vielleicht anregen, sich auf die Suche nach den eigenen Kraftquellen zu begeben. Das ist eine geistliche Suchbewegung, zu der ich gerne ermutige.

Ich schreie mich Gott entgegen

In der letzten Zeit habe ich mehrfach den Schluss des 119. Psalms gelesen und als Psalmenlesung gehört:

> Herr, *lass mein Klagen vor dich kommen;*
> *unterweise mich nach deinem Wort.*
> *Lass mein Flehen vor dich kommen;*
> *errette mich nach deinem Wort. ...*
> *Ich bin wie ein verirrtes und verlorenes Schaf;*

suche deinen Knecht,
denn ich vergesse deine Gebote nicht.
(Ps 119,169-170.176)

Am Ende dieses Psalms, der ein einziges Lob der Weisungen Gottes ist – diese Worte: *mein Klagen – mein Flehen – ich bin verirrt – suche mich*: Man könnte denken, dass da einer über dem Lob Gottes Gott aus den Augen verloren hat und deshalb das Klagen und Fragen anfängt. Aber es kann ja auch anders sein: Wer anfängt, Gott zu loben, der kann dann irgendwann auch die Schattenseiten seines Lebens anschauen und dann auch anfangen, Gott zu klagen, zu fragen, um Hilfe zu rufen.

So lese ich den Schluss dieses Psalms als eine Ermutigung: Ich darf in meinen Ängsten meine Zuflucht bei Gott suchen. Nach ihm schreien, wenn mir das Wasser zum Hals steht. Es ist eine Form des Gotteslobes, dass ich vor ihm klage, aus den Tiefen meiner Angst nach ihm rufe und mich in meinen Ängsten zu Gott flüchte. Auch in den Ängsten, die ich selbst verursacht habe.

Und suchst du meine Sünde, flieh ich von dir zu dir,
Ursprung, in den ich münde, du fern und nah bei mir.

Wie ich mich wend und drehe, gehe ich von dir zu dir;
die Ferne und die Nähe sind aufgelöset hier.

Von dir zu dir mein Schreiten, mein Weg und meine Ruh,
Gericht und Gnad, die beiden bist du und immer du.[25]

Ich habe ein Bild vor Augen – einen Scherenschnitt aus meinen Kindertagen. Ich vermute, dass er aus dem Kindergottesdienst stammt: der schreiende Hirsch:

Wie der Hirsch lechzt nach frischem Wasser,
so schreit meine Seele, Gott, zu dir.
Meine Seele dürstet nach Gott, nach dem lebendigen Gott.
Wann werde ich dahin kommen, dass ich Gottes Angesicht
schaue?
(Ps 42,2-3)

Das also ist die erste Hilfe, die wir schon im Kindergottesdienst kennenlernen sollten: ein Loch in die Mauer der Angst machen. Es mag sein: Wasserwogen gehen über mich. Die Einsamkeit hat mich im Griff. Ich sehe keinen Ausweg mehr. Und da setzt sich der quälende Gedanke in mir fest: Gott fragt nicht mehr nach mir. Dem antwortet der Beter, indem er seiner Seele im Refrain zuredet: *„Harre auf Gott!"* (Ps 42, 6.12). Das ist ein Mittel gegen die Angst: Nicht mehr nur bei sich selbst sein. Nicht mehr nur in sich selbst die Kraft suchen. Wo einer die Zuflucht bei Gott gefunden hat, kann er sich auch selbst wieder gut zureden!

Ich erfahre: gehalten in Angst

Eine biblische Meditation zu Matthäus 14,22-36

22 Und alsbald trieb Jesus seine Jünger, in das Boot zu steigen und vor ihm hinüberzufahren, bis er das Volk gehen ließe. 23 Und als er das Volk hatte gehen lassen, stieg er allein auf einen Berg, um zu beten. Und am Abend war er dort allein.

Jesus schickt seine Jünger aufs Meer hinaus. Er behält sie nicht bei sich. Das Volk ist noch da, aber auch das wird er gehen lassen. Entlassen. Wegschicken. Mir wirkt die Vermutung eines Bibelkommentators ein wenig weit hergeholt: „Ob dabei an einen Reisesegen gedacht ist, erfahren wir nicht."[26] Das ist mehr kirchliche Wirklichkeit von heute als Frömmigkeit von damals.

Jesus schickt sie alle weg. Er will allein sein. Gleich zweimal wird *allein* hervorgehoben. Er will Zeit haben zum Beten. Zeit für sich allein mit dem Vater. Darum steigt er auf einen Berg, den Ort, wo man dem Himmel nahe ist. Welcher Berg das ist, spielt keine Rolle. Es zieht sich durch den Hintergrund des Evangeliums wie ein roter Faden: Jesus sucht immer wieder das Gebet, die Zeit vor Gott, Zeit zum Klären der nächsten Schritte, zum Stärken des eigenen Vertrauens.

24 Und das Boot war schon weit vom Land entfernt und kam in Not durch die Wellen; denn der Wind stand ihm entgegen.

Die Jünger, weggeschickt, *ins Boot getrieben*, fahren hinaus in die Nacht – ohne ihn. Mitten aufs Meer, weitab vom festen Land. Da geschieht, was Seeleute kennen, auch auf dem See Genezareth mit seinen tückischen Fallwinden: Die Wellen schlagen hoch über ihnen zusammen. Sie erfahren, dass die Fahrt über das Meer gefährlich ist, dass sie Angst macht.

Man muss nicht viel Fantasie haben, um diese Situation als Bild für das eigene Leben zu erspüren. Wir sind auf der Fahrt durch das Meer des Lebens. Und oft genug schlagen die Wellen über uns zusammen. Wir werden nicht fertig mit dem, was uns bedrängt. Wir versuchen das Schiff des Lebens auf Kurs zu halten, aber der Wind, der uns ins Gesicht bläst, ist stärker als wir. Solche Wellen und Stürme kennen wir – und jeder kann hier seine Geschichte, seine Stürme in dieses Bild hineindenken.

25 Aber in der vierten Nachtwache kam Jesus zu ihnen und ging auf dem See. 26 Und als ihn die Jünger sahen auf dem See gehen, erschraken sie und riefen: Es ist ein Gespenst!, und schrien vor Furcht.

Spät in der Nacht, in der Zeit des Morgengrauens zwischen drei und sechs Uhr, mitten auf dem See, mitten im Sturm kommt Jesus. Er kommt auf sie zu. Er wandelt über dem Meer. Er kommt, wo ihn keiner erwartet hatte. Er erscheint da, wo ihn keiner der Jünger auf der Rechnung hat. Er ist da, wo dieser verzweifelte Satz sich in einem Herzen festgefressen hat: „Da kann mir jetzt niemand mehr helfen."

Uns heute stürzt das ein wenig in Verlegenheit: *„Er ging auf dem See."* Die Suche nach rationalen Auswegen ist lang: Man kann auch übersetzen: *„Er ging zum Meer."* Dann wird aus dem Seewandel ein Gang am Ufer. Oder man behilft sich, indem man die Szene ins seichte Gewässer verlegt, am Nordufer, bei der Jordanmündung.

Näher liegt mir: *„Das Gehen über dem Wasser hat in der Antike die Menschen – nicht nur und nicht primär die Juden – sehr beschäftigt. Es war ein Traum, ein faszinierender Gedanke. Es ist Menschen unmöglich und Gott vorbehalten, es sei denn, Menschen seien in besonderer Weise Göttersöhne."*[27] So gelesen werden diese Worte zu einem Zeugnis: Jesus ist mehr als ein Mensch. In ihm haben wir es, vorsichtig formuliert, mit der göttlichen Wirklichkeit zu tun.

Dazu passt, dass er zu der Zeit kommt, die die Zeit des helfenden Eingreifens Gottes ist. „Als nun die Zeit der Morgenwache kam, schaute der HERR auf das Heer der Ägypter aus der Feuersäule und der Wolke und brachte einen Schrecken über ihr Heer" (2Mose 14,24). Oder, jedem Juden aus seiner Gebetspraxis vertraut: „Gott ist bei ihr drinnen, darum wird sie festbleiben; Gott hilft ihr früh am Morgen"(Ps 46,6). Darauf kommt man beim Nachdenken am sicheren Schreibtisch, aber nicht in der Not, auf dem Meer, im Wellengang der Nacht.

Wie wenig die Jünger mit ihm gerechnet hatten, erkennt man am Schrei der Angst: ein Gespenst. Eine Einbildung, ein Fantasiegebilde. So wenig rechnen sie mit ihm, dass sie ihn für eine Sinnestäuschung halten.

27 Aber sogleich redete Jesus mit ihnen und sprach: Seid getrost, ich bin's; fürchtet euch nicht!

Da ist noch das Entsetzen in den weit aufgerissenen Augen. Aber er, Jesus, den sie für ein Fantasiebild halten, gibt sich zu erkennen: *„Seid getrost, ich bin's!"* Schon einmal hieß es: *„Sei getrost!"* (9,2). Nur im Munde Jesu kennt Matthäus dieses Wort. Es ist der Anfang von Heilwerden.

Und direkt daneben: *„Ich bin's."* Da klingt an, wie sich Gott am Dornbusch zu erkennen gibt: *„Da antwortete Gott dem Mose: Ich bin der ‚Ich-bin-da'"* (2Mose 3,14, Einheitsübersetzung). Und es schwingt mit: Wo ich bin, da muss die Angst weichen. Wo ich bin, da darf euch das Meer nicht verschlingen. Wo ich bin, da muss der Sturm euch freigeben. Darum: *„Fürchtet euch nicht."*

28 Petrus aber antwortete ihm und sprach: Herr, bist du es, so befiehl mir, zu dir zu kommen auf dem Wasser. 29 Und er sprach: Komm her!

Dieses Wort, genauer: Diese Gegenwart Jesu macht Petrus mutig. Es macht ihn mutig, das bergende Boot zu verlassen: *„Herr, bist du es, so befiehl mir, zu dir zu kommen"* – und er sagt: *„komm"*.

Ein seltsamer Dialog: Petrus bittet um einen Befehl, um einen Auftrag. Ohne diesen Befehl würde er sich nicht trauen. Es ist einmal mehr der Hinweis über die erzählte Szene hinaus an die Leserinnen und Leser: Im Wissen um einen Auftrag Jesu kannst du gehen und handeln. Aber diesen Auftrag brauchst du. Du kannst ihn aber erbitten. Mag sein, dass Matthäus früher Erzähltes mit im Sinn hat: *„Bittet also den Herrn der Ernte, Arbeiter für seine Ernte auszusenden"* (9,38).

Und Petrus stieg aus dem Boot und ging auf dem Wasser und kam auf Jesus zu.

Als er das *„Komm her"* hört, verlässt er die unsichere Geborgenheit des Schiffes. Er traut sich, sich herauszuwagen aus dem, was sein Leben doch noch ein wenig geschützt hat. Er wagt den Weg ins wilde Meer, nicht auf eigene Faust, nicht im Vertrauen auf die eigene Stärke, sondern im Vertrauen auf den Herrn und sein Wort.

Mit all seiner Angst und mit seinem Vertrauen geht Petrus los – und macht eine überwältigende Erfahrung: Er kann gehen auf dem Weg, der von Sturm und Angst bedroht ist. Er kann gehen auf dem Weg, der über die Grundlosigkeit führt. Er kann gehen mit dem Blick auf Jesus.

30 Als er aber den starken Wind sah, erschrak er und begann zu sinken und schrie: Herr, hilf mir!

Aber dann erlebt er: Auch in der Gegenwart Jesu ist der Sturm noch da, sind die Wellen noch stark, greift die Angst noch nach ihm und macht das Herz eng. Mitten in das frisch gewonnene Vertrauen bricht die Anfechtung ein und er droht zu sinken. Petrus auf den Wellen des Meeres bleibt Mensch wie eh und je – angefochten, schwach und angstbesetzt.

Es ist ein stetes Thema in der Seelsorge: Die Wellen des Lebens schlagen auch über denen zusammen, die auf Jesus hören, die zu ihm kommen wollen im Sturm des Lebens. Es gibt Wege, die im Vertrauen auf Jesus begonnen werden und die doch auf einmal von der Angst regelrecht überspült werden, weil der Blick auf die Wirklichkeit die Angst wachsen lässt. Keiner von uns kann über den Wellen schweben. Keiner von uns wird davor bewahrt, Wasser zu schlucken und Angst zu erfahren.

> *31 Jesus aber streckte sogleich die Hand aus und ergriff ihn und sprach zu ihm: Du Kleingläubiger, warum hast du gezweifelt? 32 Und sie traten in das Boot und der Wind legte sich.*

Jesus aber – um seinetwillen erzählt Matthäus diese Geschichte. Er ist der Haltepunkt, nicht nur für Petrus. Jesus steht mitten im Sturm und hält Petrus fest. Die Hand Jesu hat ihn ergriffen und hält ihn. Der sinkende Petrus ist gehalten. Er, der sich im Vertrauen auf Jesus in den Sturm gewagt hat, nicht leichtsinnig, sondern von ihm gerufen – er wird auch von ihm gehalten.

Das ist die Botschaft an die Leser – damals und an uns heute: Wenn die Last der Welt dir zu schaffen macht – er hält dich fest. Wenn die Wellen des Lebens über dir zusammenschlagen – er hält dich fest. Wenn der Schmerz über dich hinwegspült und dir den Schrei nach Hilfe im Mund ersticken will – er hält dich fest.

33 Die aber im Boot waren, fielen vor ihm nieder und spra-
chen: Du bist wahrhaftig Gottes Sohn!

Denen im Boot gehen über diesem Geschehen die Augen auf. Und der Mund geht ihnen über: *„Du bist wahrhaftig Gottes Sohn!"* Das ist das Bekenntnis, das diese Erfahrung auslöst. Ich denke, dass Matthäus uns genau das sagen will: Dieses Bekenntnis zum Sohn Gottes braucht die Erfahrung seiner Gegenwart. Manchmal überraschend. Aber immer rettend.

Auch das unterstreicht die Erzählung: Dieses Bekenntnis ist immer eingebunden in einen Akt der Anbetung. *„Sie fielen vor ihm nieder."* Es darf nie nur beim Aufsagen dogmatischer Wahrheiten bleiben. Es entsteht aus dem Überwältigtwerden und zeigt sich in der Hingabe, dem Niederwerfen, der Anbetung. Matthäus weiß sehr wohl: Die Anbetung steht allein Gott zu. Wenn er das hier von Jesus erzählt, dann stellt er ihn damit neben Gott. Ganz nah. Unverwechselbar nah.

34 Und sie fuhren hinüber und kamen ans Land in Gene-
zareth. 35 Und als die Leute an diesem Ort ihn erkannten,
schickten sie Botschaft ringsum in das ganze Land und
brachten alle Kranken zu ihm 36 und baten ihn, dass sie
nur den Saum seines Gewandes berühren dürften. Und
alle, die ihn berührten, wurden gesund.

Als sie an Land kommen, ist es, wie es immer ist: Aus allen Ecken des Landes werden die Kranken zu ihm gebracht. Es gibt regelrechte Nachrichtendienste: „Er ist wieder da." Sie organisieren Krankentransporte aus der ganzen Umgebung. Die zu ihm gebracht werden, strecken sich nach ihm aus. Ihn berühren – das wird schon reichen, so wie bei der Frau mit dem Blutfluss (Mt 9,20).

Nach der Konfliktgeschichte in Jerusalem und der bedrohlichen Erzählung vom Ende des Täufers jetzt ein helles Bild. *„Alle Wolken scheinen sich verzogen zu haben; alle Konflikte sind wie weggeblasen. Matthäus zeigt den frommen Juden Jesus inmitten eines ihm freundlich gesinnten Volks. Jesus wendet sich seinem Volk zu und heilt alle seine Kranken."* [28]

Er hat nicht übertrieben, als er sagt: *„Kommt alle zu mir, die ihr euch plagt und schwere Lasten zu tragen habt. Ich werde euch Ruhe verschaffen"* (Mt 11,28, Einheitsübersetzung). Bei ihm ist wirklich Hilfe und Halt und Rettung.

Herr,
wir sind unterwegs in Ängsten,
in Nächten,
in Stürmen,
in unsicheren Zeiten.

Woran kann ich mich halten in unsicheren Zeiten?
Ich halte mich an das,
was ich kenne,
was bis hierher geholfen hat.
Ich halte mich an die,
die mit mir unterwegs sind im gleichen Boot
mit den gleichen Ängsten.

Das ist schon viel –
ein Boot im Sturm,
Weggefährten in der Angst.
Aber dann kommst Du.
Fürchte dich nicht.
Sei getrost.

Und ich in meiner Angst
lasse Dich nicht aus den Augen,
sinke und rufe nach Dir,
strecke die Hand aus und Du kommst mir näher.
Ich habe Angst und Du kommst mir näher.
Ich schreie und Du kommst mir näher.
Ich sinke und Du hältst mich fest.
Und ich sinke in Deine Hände. Amen.

Eine Anregung zum Innehalten und eigenen Nach-
denken: Was berührt Sie an dieser Geschichte? Gibt es
Angsterfahrungen, die sich mit Wegen verbinden, die
Sie im Vertrauen auf Jesus begonnen haben?

Ich übe Schritte des Vertrauens ein

Ich bin vermutlich kein Einzelfall: Es löst in mir Ärger
aus, wenn ich spüre, wie jemand mich nicht hört in
dem, was ich sage, sondern mich mithilfe irgendeiner
Typenlehre einsortiert. Ich nehme wahr, dass ich in eine
Schublade gerate, und empfange das Signal: „Ich ver-
stehe, wie du bist, weil ich weiß, was für ein Typ du

bist." Ich aber will ernst genommen sein. Nicht katalogisiert. Diese Spielereien mag ich nicht.

Ich habe allerdings für mich selbst mit großem Gewinn das Enneagramm kennengelernt. Als eine Hilfe, genauer hinzuschauen auf mich selbst. Als eine Hilfe, meine Schwächen und Versuchungen in den Blick zu bekommen. Als eine Sehweise, die mich mit mir selbst konfrontiert. Manchmal habe ich mich fast ängstlich gefragt: „Bin ich das wirklich?" Und es war eine kleine innere Befreiung, als ich gelesen habe: *Auch die Einsicht: ,So bin ich nicht!' gehört zu echter Selbsterkenntnis.*"[29]

Es mag sein, dass es eine letzte Verweigerung ist: Mir ist es nicht gelungen, mich in einer der neun Sichtweisen des Enneagramms umfassend beschrieben wiederzufinden. Ich bin überzeugt: Ich habe von allen etwas. Und immer, wenn mir jemand sagen wollte, was ich doch auf jeden Fall sei – eine Eins, eine Acht, jedenfalls keine Sechs und auch keine Vier –, habe ich abgewunken: Ich weiß nicht, was ich bin, und vermutlich will ich es auch gar nicht wissen.

Manchmal erhellen „Spielereien" die eigene Persönlichkeit. Auch der spielerische Umgang mit solchen Typenlehren. Und so kommt es, dass ich im Lauf meines Lebens dazugelernt habe, auch im Blick auf die Angst. Manchmal kann es eine Hilfe sein, spielerisch mit eigenen Ängsten umzugehen. Es ist nur ein spielerisches Umgehen, aber nicht unernsthaft, sondern eine Chance, sich im Spiel auf die Spur zu kommen.

Solche Spielversuche haben es in sich: Vertrauensübungen machen auf die eigene Fähigkeit oder Unfähigkeit, sich anderen anzuvertrauen, aufmerksam. Sich fremden Händen anvertrauen ist ein Riesenschritt. Es ist eine der großen Lügen unserer Zeit, für alles Glück und Unglück unseres Lebens allein verantwortlich sein. Die Ich-AG, die angeblich im Alleingang das Leben meistert, ist längst wie eine Seifenblase am neuen Markt der Illusionen zerplatzt. Es braucht die anderen, die Hilfe der anderen. Das Vertrauen zu anderen.

Mein Sohn hat einen Ausbilderschein fürs Klettern, und er berichtet, wie Leute lernen, sich auf andere zu verlassen, die sie sichern. Lernen, dem Seil zu vertrauen, das sie hält. Lernen, sich fallen zu lassen, weil da die Zusage ist: Es gibt Hände, die mich auffangen.

Das ist ja das große Versprechen unseres Glaubens: Es gibt Hände, die mich auffangen. Es gibt die Hand Gottes, aus der ich auch durch eigene Fehler nicht herausfalle. Es gibt die Hand Gottes, der mich nichts und niemand mehr entreißen kann. Keine Angst der Welt darf mir den Weg nach Hause verstellen.

Wunderbar bringt das der Hebräerbrief auf den Punkt:

Weil wir denn einen großen Hohenpriester haben, Jesus, den Sohn Gottes, der die Himmel durchschritten hat, so lasst uns festhalten an dem Bekenntnis. Denn wir haben nicht einen Hohenpriester, der nicht könnte mit leiden mit unserer Schwachheit, sondern der versucht worden ist in allem wie wir, doch ohne Sünde. Darum lasst uns hinzutreten mit Zuversicht zu dem Thron der Gnade, damit wir Barmherzigkeit empfangen und Gnade finden zu der Zeit, wenn wir Hilfe nötig haben. (Hebr 4,14-16)

So lasst uns festhalten am Bekenntnis. Er will, dass die Christen *festhalten* – Nicht locker lassen, in allen Ängsten festhalten. Die Christen können das, weil Christus den Weg frei gemacht hat. Es gibt keine Barriere mehr, die uns von ihm fernhalten könnte. Es gibt keine Himmelsmächte, die diesen Weg versperren könnten. Christus hat *die Himmel durchschritten.* Weil es für ihn keine Wegsperre im Himmel gibt, dürfen die Engel auch denen den Weg nicht mehr versperren, die zu ihm gehören.

> *Heut schließt er wieder auf die Tür*
> *zum schönen Paradeis;*
> *der Cherub steht nicht mehr dafür.*
> *Gott sei Lob, Ehr' und Preis!*[30]

Ich kann es auch in der Spur Bonhoeffers sagen: Weil für uns die letzte Zugehörigkeit geklärt ist, wir für Zeit und Ewigkeit zu Christus gehören, darum kann und darf uns keine Angst mehr von ihm trennen. Alle Angst gehört in den Bereich des Vorläufigen. Damit ich das nicht vergesse, ist es eine gute geistliche Übung, sich Sätze des Vertrauens vorzusagen!

Ich habe Angst – aber die Angst hat nicht mich.
Die Angst bindet sich an mich – aber ich binde mich nicht an sie.
Die Angst stört mich – aber ich verliere nicht meinen Standort.
Die Angst ist das eine. Ich selbst bin das andere.
Ich bin mehr als meine Angst.

Ich bin ich selbst. Mit meiner Angst und aller Angst zum Trotz.

Ich singe über die Angst hinaus

Die Schrecken des 30-jährigen Krieges sind gerade einmal drei Jahre her. Die Seuchenjahre, die Jahre der Angst haben sich ins Gedächtnis gebrannt. Das Land liegt immer noch am Boden. Es steht nicht gut um die Menschen, äußerlich und wohl auch innerlich, seelisch. In dieser Zeit entsteht der folgende Liedtext:

Jesu, meine Freude, meines Herzens Weide,
Jesu, meine Zier:
Ach wie lang, ach lange ist dem Herzen bange
und verlangt nach dir!
Gottes Lamm, mein Bräutigam, außer dir soll mir auf Erden
nichts sonst Liebers werden.

Unter deinem Schirmen bin ich vor den Stürmen
aller Feinde frei.
Lass den Satan wettern, lass die Welt erzittern,
mir steht Jesus bei!
Ob es jetzt gleich kracht und blitzt,
ob gleich Sünd und Hölle schrecken,
Jesus will mich decken.

Trotz dem alten Drachen, Trotz dem Todesrachen,
Trotz der Furcht dazu!

Tobe, Welt, und springe; ich steh hier und singe
in gar sichrer Ruh.
Gottes Macht hält mich in acht,
Erd und Abgrund muss verstummen,
ob sie noch so brummen.

Weg mit allen Schätzen; du bist mein Ergötzen,
Jesu, meine Lust.
Weg, ihr eitlen Ehren, ich mag euch nicht hören,
bleibt mir unbewusst!
Elend, Not, Kreuz, Schmach und Tod soll mich,
ob ich viel muss leiden,
nicht von Jesu scheiden.

Gute Nacht, o Wesen, das die Welt erlesen,
mir gefällst du nicht!
Gute Nacht, ihr Sünden, bleibet weit dahinten,
kommt nicht mehr ans Licht!
Gute Nacht, du Stolz und Pracht; dir sei ganz,
du Lasterleben,
gute Nacht gegeben.

Weicht, ihr Trauergeister, denn mein Freudenmeister,
Jesus, tritt herein.
Denen, die Gott lieben, muss auch ihr Betrüben
lauter Freude sein.
Duld ich schon hier Spott und Hohn,
dennoch bleibst du auch im Leide,
Jesu, meine Freude. (EG 396)[31]

Es ist eine Stärke der alten Choräle, dass sie keine Lieder sind, die sich an der Angst vorbeimogeln. Sie sind oft genug in Ängsten entstanden, im Gegenüber zu lebensbedrohlichen Situationen. Sie sehen der Angst ins Gesicht. Sie wissen um den Schmerz des Lebens. Sie reden nichts schön. Darum singen wir sie auch heute noch: Sie haben sich in den Ängsten des Lebens bewährt.

Es geht, so lerne ich aus diesen alten Liedern, um eine Doppelbewegung, um Abkehr und Hinkehr. Es genügt nicht, nur zu wollen, dass die Angst verschwindet. Dass sich die Situation vielleicht zum Besseren kehrt. Ich brauche Haltepunkte gegen die Angst und Haltepunkte für meine Hoffnung.

Ansingen gegen die Angst. Gegen den Schmerz. Gegen die Trauer. Als Pfarrer erlebt man das oft, nicht nur, aber auch bei Beerdigungen. Da ist so viel Schmerz. So viel Verlust. Oft auch viel Angst, was denn nun werden soll. Da die alten Choräle zu singen ist anders und mehr als das berühmte Pfeifen im Wald. Es bedeutet, sich hineinzusingen in den, der die Angst überwunden hat.

Ich bleibe nicht alleine in meinen Ängsten

Ich knüpfe an schon früher Gesagtes an. Einmal mehr lohnt es sich, auf Jesus zu schauen. Darauf, wie er mit dem ihm bestimmten Lebensweg umgeht. Er hat ihn vor Augen, ahnt und weiß, was auf ihn zukommt. Seine Leidensankündigungen lassen daran keinen Zweifel.

Aber schon in der bloßen Tatsache dieser Leidensankündigungen steckt ja eine Botschaft: Jesus geht diesen Weg in sein Sterben nicht als einsamer Held, der
alles mit sich alleine ausmacht. Er gibt seinen Jüngern
Anteil an dem, was er auf sich zukommen sieht.

Dieses Anteilgeben wird noch einmal deutlicher
sichtbar in der Nacht in Gethsemane:

> *Da kam Jesus mit ihnen zu einem Garten, der hieß Gethse-*
> *mane, und sprach zu den Jüngern: Setzt euch hier, solange*
> *ich dorthin gehe und bete. Und er nahm mit sich Petrus*
> *und die zwei Söhne des Zebedäus und fing an zu trauern*
> *und zu zagen. Da sprach Jesus zu ihnen: Meine Seele ist*
> *betrübt bis an den Tod; bleibt hier und wacht mit mir! Und*
> *er ging ein wenig weiter, fiel nieder auf sein Angesicht*
> *und betete und sprach: Mein Vater, ist's möglich, so gehe*
> *dieser Kelch an mir vorüber; doch nicht wie ich will, son-*
> *dern wie du willst! Und er kam zu seinen Jüngern und*
> *fand sie schlafend und sprach zu Petrus: Könnt ihr denn*
> *nicht eine Stunde mit mir wachen? (Mt 26,36-40)*

Es ist der Moment, in dem alles auf dem Spiel steht. In
dem Jesus darum ringt, mit dem Willen des Vaters eins
zu sein und eins zu bleiben. In diesem Moment braucht
er die Nähe seiner Jünger. Nicht, damit sie ihm gut zureden. Nicht, damit sie ihm Mut machen. Sondern nur,
dass sie da sind.

Es ist eine Erfahrung, die wohl viele im Lauf ihres Lebens machen: Es ist eine Hilfe gegen die Angst, die eigenen Ängste mit anderen zu teilen, sich einem ande-

ren anzuvertrauen: „Vor diesen Schritten, die jetzt vor mir sind, habe ich Angst." Aber: *„Schon das Mitteilenkönnen einer Angst ist eine Erleichterung. Wenn man das aber nie wagt, weil man befürchtet, sich dadurch den anderen auszuliefern oder für verrückt gehalten zu werden, wenn man sich ihnen in seiner ganzen Schwäche und Ungeschütztheit zeigen würde, kann Angst durch Anhäufung über lange Zeit Grade erreichen, die nicht mehr auszuhalten sind."*[32] Der erste Schritt über die Angst hinaus ist, nicht mit ihr allein zu bleiben.

Aus meiner Zeit als Gemeindepfarrer weiß ich, wie wichtig es für manche war, vor einer schwierigen Situation jemand zu haben, dem man sich anvertrauen kann. Das war manchmal ein Krankenhausaufenthalt, eine Operation. Das war aber auch oft genug einfach die Herausforderung einer problematischen Entscheidung – im Blick auf die Familie, die Ehe, berufliche Angelegenheiten. Dann war es für viele wichtig, nicht allein zu sein mit den eigenen Überlegungen, Sorgen, beim Durchspielen der vielen Möglichkeiten, wie es ausgehen könnte. Und das Angebot: „Wir können für das, was jetzt ansteht, auch Gott bitten. Ihm die Ängste hinhalten und sie ihm ‚zu treuen Händen' übergeben", war für viele eine große Hilfe.

Tiefe Einsamkeit wird hinter den folgenden Worten sichtbar: *„Wie der Hirsch lechzt nach frischem Wasser, so schreit meine Seele, Gott, zu dir. Meine Seele dürstet nach Gott, nach dem lebendigen Gott. Wann werde ich dahin kommen, dass ich Gottes Angesicht schaue? Meine Tränen sind meine Speise Tag und Nacht, weil man täglich zu mir sagt:*

Wo ist nun dein Gott?" (Ps 42,2-4). Kaum auszuloten, wie viel Angst da nach dem Beter greift. Wie es ihm die Kehle zuschnürt. Es spielt keine Rolle, was der reale Hintergrund dieser Worte ist. Ob es Feindseligkeiten sind, verlorene Lebensmöglichkeiten, verbaute Wege nach vorne. Da fühlt sich jemand wie eingemauert in das Alleinsein und die Angst. Und Gott ist so weit weggerückt. In solchen Ängsten kann man untergehen.

Es ist bewegend, wie der Beter dieser Angst in einem ersten Schritt entgegentritt: in der Erinnerung daran, dass es auch andere Zeiten in seinem Leben gegeben hat: *„Daran will ich denken und ausschütten mein Herz bei mir selbst: wie ich einherzog in großer Schar, mit ihnen zu wallen zum Hause Gottes mit Frohlocken und Danken in der Schar derer, die da feiern. Was betrübst du dich, meine Seele, und bist so unruhig in mir? Harre auf Gott; denn ich werde ihm noch danken, dass er meines Angesichts Hilfe und mein Gott ist"* (V. 5 f.). Die Erinnerung an erfahrene Gemeinschaft, die er sich selbst vor Augen stellt, ist eine Hilfe gegen die Angst. Nicht von außen gut zugeredet, sondern in der eigenen Erinnerung gewissermaßen als Kraft aktiviert. Alles weit weg? Alles nur biblische Wahrheit?

You'll never walk alone – die Hymne der Fußballer –, ist Samstag für Samstag zu hören in den Stadien. Ein Lied gegen die Angst, gegen die Angst vor der Einsamkeit. Eine Einrede, die Kraft hat.

When you walk through a storm,
Hold your head up high,
And don't be afraid of the dark.
At the end of a storm,
Is a golden sky,
And a sweet silver song of a lark.

Walk on through the wind,
Walk on through the rain,
Though your dreams be tossed and blown.

Walk On, Walk On, With hope in your heart,
And you'll never walk alone![33]

(Wenn du durch den Regen läufst,
halte den Kopf hoch
und fürchte dich nicht vor der Dunkelheit.
Wenn der Regen vorüber ist
erstrahlt der Himmel golden
und der süße, silberhelle Gesang der Lerche erklingt.

Geh weiter, durch den Wind,
Geh weiter, durch den Regen.
Auch wenn deine Träume getreten und gestoßen werden.

Geh weiter, geh weiter mit Hoffnung im Herzen.
dann wirst du niemals alleine gehen.
Du wirst niemals alleine gehen!)

Noch ein Lied, diesmal keine Stadionhymne, sondern der Song von Reinhard Mey, einem Liedermacher, der für viele, auch für mich, eine Art Wegbegleiter durch die letzten dreißig, vierzig Jahre ist:

Die Schatten werden länger,
Der graue, grame Grillenfänger
Streicht um das Haus.
Der Tag ist aus.
Die Ängste kommen näher,
Sie stell'n sich größer, krall'n sich zäher
In der Seele fest,
In deinem Traumgeäst.
Manchmal ist es bis zum andern Ufer der Nacht
Wie ein lichtloser Tunnel, ein nicht enden wollender
Schacht.

Ich bring dich durch die Nacht,
Ich bring dich durch die raue See,
Ich bring dich durch die Nacht,
Ich bringe dich von Luv nach Lee.
Ich bin dein Lotse, ich bin dein Mann,
Bin deine Schwester, lehn dich an,
Ich bin der Freund, der mit dir wacht,
Ich bring dich durch die Nacht.

…
Lass los, versuch zu schlafen.
Ich bring dich sicher in den Hafen
Dir kann nichts gescheh'n,

Wolfsmann und böse Feen
Sind nur ein Blätterreigen
Vorm Fenster, der Wind in den Zweigen
Im Kastanienbaum,
Ein böser Traum,
Der's nicht wagt, wiederzukommen, bis der neue Tag beginnt.
Lass los, ich halt dich fest, ich kenn den Weg aus dem Labyrinth.
Text und Musik: Reinhard Mey[34]

Es ist kaum ein Zufall, dass mir so viele Lieder einfallen, die es mit der Angst zu tun haben. Die sich diesem Thema stellen. Die versuchen, der Angst in die Augen zu sehen und sie, wenn es geht, sich ausreden zu lassen oder doch wenigstens kleiner reden zu lassen. Lieder gegen die Angst. Und immer wieder diese eine Schlüsselüberzeugung: Bleib mit den Ängsten nicht allein! Such den anderen mit deiner Angst!

Was Lieder, wenigstens säkulare Lieder, dann nicht mehr zu sagen vermögen, allenfalls sehr verhalten andeuten können: Es gibt die eine große Zuflucht gegen die Angst – Gott. Es gehört wohl zur Redlichkeit des Glaubens dazu: Wenn ich mich mit meinen Ängsten zu Gott flüchte, mich in ihn berge, sind die Ängste nicht einfach weg. Aber sie sind umhüllt. Getragen. Sie dürfen nicht mehr das Feld behalten.

Ich flüchte mich nicht in die Einsamkeit wie ein Hund, der sterben will. Ich flüchte mich zu dem Lebendigen, weil ich selbst auch leben will. Weil ich Anteil an seinem Leben gewinnen will, das der Tod nicht mehr begrenzen darf, weil er durch den Tod hindurchgegangen ist. Es ist das stärkste Argument gegen die Allherrschaft der Angst, dass Ostern geworden ist, Auferstehung geschehen ist. Ich liebe das nachfolgende Wort von Karl Barth: *„Wer die Osterbotschaft gehört hat, der kann nicht mehr mit tragischem Gesicht herumlaufen und die humorlose Existenz eines Menschen führen, der keine Hoffnung hat"*[35], und leite daraus ab: Ostern setzt der Angst eine unüberwindliche Grenze. Hier verliert sie ihre Macht und das Lachen der Befreiten kann anfangen – mitten in den Ängsten der Zeit.

So nehme ich Jesus beim Wort, der gesagt hat: *„Ich lebe und ihr sollt auch leben"* (Joh 14,19). Und darum suche ich auch die Nähe derer, die mit mir leben, damit sie mit mir das Leben teilen in seinen Höhen und in seinen Tiefen.

Quelle: https://upload.wikimedia.org/wikipedia/commons/0/0f/Menas.jpg

Ich richte unseren Blick auf eine Ikone – sie zeigt den Märtyrer-Abt Menas aus dem 7. Jahrhundert und neben ihm Christus. Menas sieht dem entgegen, was auf ihn zukommt. Die Augen verraten nicht, ob sein Blick zuversichtlich nach vorne gerichtet ist oder ob auch Angst in diesem Blick liegt. Aber wichtiger als Menas' innerliche Stimmung ist, dass er dem Kommenden gegenüber nicht allein ist. Christus ist bei ihm, ganz nahe. Er legt seinen Arm wie ein Freund um ihn. Das führt zu einem der Namen, die diese Ikone trägt: *„Ihr seid meine Freunde"* (Joh 15,14). Seine Hand ruht auf der Schulter des Menas, fast so, als könnte er sagen: „Du und ich zusammen – wir schaffen das." So kann er dem Kommenden, der ungewissen Zukunft, entgegengehen.

Wenn wir genau hinsehen: Menas hat eine kleine Schriftrolle in der Hand – Christus das große Buch. Das ist eine wohltuende Botschaft. Das ganze Evangelium ist bei Jesus in guten Händen. Wir dagegen haben immer nur einen winzig kleinen Teil davon. Im Herzen, im Verstand, zur Hand. Aber dieser kleine Teil reicht. Ganz so, wie es Frère Roger, der Gründer von Taizé, uns als geistlichen Ratschlag mitgibt: *„Lebe das vom Evangelium, was du verstanden hast, auch wenn es nur ganz wenig ist."* Der kleine Teil des Evangeliums, der in meinem Leben angekommen ist, reicht aus. Er ist *„das Maß des Glaubens"* (Röm 12,3), das mir zuteil geworden ist, mit dem ich meinen Weg durch die Welt gehen darf. Das befreit mich davon, sich an anderen, die ein anderes Maß des Glaubens zugeteilt bekommen haben, zu messen. Und es erlöst mich von der Angst, zu kurz zu kommen oder nicht hinzureichen mit dem, was ich lebe.

Und schließlich: Menas segnet. Es ist keine große Geste. Eher klein, ein wenig schüchtern. Fast, als würde er sich gar nicht richtig trauen. Eine verstohlene Geste. Aber er segnet, was auf ihn zukommt. Indem er so segnet, was auf ihn zukommt, segnet er das Zeitliche. Heute. Morgen. Jeden neuen Tag. Im Zeitlichen, das er segnet, segnet er Menschen, Herausforderungen, stellt er den Ängsten die Lebenskraft Gottes entgegen. Wenn wir lernen zu segnen, was auf uns zukommt, dann wandelt sich manche Angst in Kraft.

Das Leben kommt wieder

Ich falle nicht tiefer,
der Grund ist erreicht.
Der Sturz ist zu Ende,
die Traurigkeit weicht.
Ein Schimmer von Freude,
so zart wie der Tau,
der nachtschwarze Himmel
wird unmerklich grau.

Und das Leben kommt wieder
und zieht bei mir ein:
mit Lärmen und Lachen,
mit offenen Wunden
mit einer Ahnung vom Glücklichsein.

Begrabene Hoffnung
lebt auf und wird wach,
wer hoffnungslos weinte,
ist hungrig danach.
Und doch ist es mühsam
wie Gehen im Schnee,
wenn Flügel nachwachsen,
tun die Schultern weh.
Und das Leben kommt wieder ...

Es geht mit mir weiter
und vor mir liegt Land.
Das Feuer der Hölle
ist niedergebrannt.
Es riecht noch nach Grauen,
ich hab Asche im Haar,
und doch geht es weiter.
Der Himmel wird klar
und das Leben kommt wieder.[36]

Anmerkungen

[1] Oskar Pfister: *Das Christentum und die Angst*. Zürich 1944, S. 16.

[2] Fritz. Riemann: *Grundformen der Angst*. München/ Basel 1961, S. 31.

[3] Ebd., S. 19.

[4] Ebd.

[5] Pfister, aaO., S. 14.

[6] Riemann, aaO., S. 18f.

[7] Ebd., S. 17.

[8] Ebd., S. 27.

[9] Franz Kafka: „Heimkehr" in: *Beschreibung eines Kampfes: Novellen, Skizzen und Aphorismen a. d. Nachlass*. Frankfurt 1989, S. 107.

[10] Ingemar Olsson, Jan Vering: Lied „Kreuzzeichen", Originaltitel: „Hela väriden väntar", Text und Musik: Ingemar Ohlson, dt. Text: Jan Vering, © little beat music, Adm. by Gerth Medien Musikverlag, Asslar.

[11] Dorothee Sölle: *Wählt das Leben*. Freiburg 1980, S. 86.

[12] Anselm Grün: Der Himmel beginnt in dir. Das Wissen der Wüstenväter für heute. Freiburg 1994, S. 83.

[13] Gert Hartmann: *Erfrische Geist und Sinn*. Frankfurt 1997, S. 29.

[14] Riemann, aaO., S, 129.

[15] Ebd., S.134.

[16] Ebd., S. 19.

17 Lied „Macht ist nur die Angst der anderen", © Text: Clemens Bittlinger, CD „Aus heiterem Himmel", Pila 1988.

18 Jörg Zink: *Wie übt man Frieden*. Stuttgart 1982, S.8.

19 Grün, aaO., S. 84.

20 Hanns Berekoven u. a. (Hg.): *Wir singen. Sing- und Musizierbuch für Volksschulen*. 2 Bde. Düsseldorf ²1956.

21 Tilmann Moser: *Gottesvergiftung*. Frankfurt/M. 1980, S.17.

22 Ebd.

23 Ebd., S. 46.

24 Jürgen Ebach u.a. (Hg.): *Von Gott reden – aber wie?*, Bd. 1, Gütersloh 2002, S. 110.

25 Schalom Ben Chorin: Lied „Und sucht du meine Sünde", Text: Schalom Ben Chorin © (Text) 1983 SCM Hänssler, 71087 Holzgerlingen.

26 Walter Klaiber: *Das Matthäusevangelium*, Teilbd. 1: 1,1 – 16,20. Neukirchen 2015, S. 297.

27 Ulrich Luz: *Das Evangelium nach Matthäus (8–17)*. EKK 1/2. Zürich 1990, S.408.

28 Ebd., S.413.

29 Richard Rohr, Andreas Ebert: *Das Enneagramm*. München 1990, S. 43.

30 Nikolaus Hermann, Strophe 6 aus „Lobt Gott, ihr Christen, alle gleich", 1560. EG 27.

31 Johann Franck: Lied „Jesu, meine Freude", 1653. EG 396.

32 Riemann, aaO., S. 64.

33 Lied „You'll never walk alone": © 1945 by Oscar

Hammerstein II (Text), Richard Rodgers, IMAGEM MUSIC GMBH, Berlin.

[34] Reinhard Mey: Lied „Ich bring dich durch die Nacht". Strophe 1+Refrain+3. Text und Musik: Reinhard Mey.

[35] Karl Barth, zitiert nach: Ev. Gesangbuch, Ausgabe für die Evangelisch-lutherischen Kirchen in Bayern und Thüringen, S.229.

[36] Albrecht Gralle: Lied „Das Leben kommt wieder". Text: Albrecht Gralle, Musik: Johannes Nitsch © 1999 Felsenfest Musikverlag, Wesel 1999.